In Ordnung

WIE MAN RICHTIG AUFRÄUMT UND MINIMALISTISCH WOHNT

In Ordnung

WIE MAN RICHTIG AUFRÄUMT UND MINIMALISTISCH WOHNT

Einfache, clevere Stauraumlösungen für die ganze Wohnung

Julie Carlson und
Margot Guralnick

PRESTEL
München • London • New York

Remodelista Chefredakteurin: Julie Carlson
Redakteurin und Produzentin: Margot Guralnick

Projektleitung Verlag: Kira Uthoff, Juliane Weinig
Übersetzung: Wiebke Krabbe
Korrektorat: Imke Oldenburg
Cover-Gestaltung: Sibylle Schug (auf der Grundlage von Michelle Ishay-Cohen)
Gestaltung: Rita Sowins / Sowins Design
Satz: ew-print, Würzburg
Herstellung: Andrea Cobré
Druck und Bindung: Mohn Media Mohndruck, Gütersloh

MIX
Papier aus verantwortungsvollen Quellen
FSC
www.fsc.org
FSC® C011124

Verlagsgruppe Random House FSC® N001967
Gedruckt auf FSC-zertifiziertem Papier Profimatt

Printed in Germany

ISBN 978-3-7913-8555-6

www.prestel.de

USAND
JENNY HOLZER
LIVING
YVON LAMBERT
UN'INDUS
AN INDUS

Inhalt

»Mit jeder Minute, die man in Ordnung investiert, gewinnt man eine Stunde.«

—BENJAMIN FRANKLIN

Vorwort

Was man besitzt, kann manchmal die Oberhand im Leben gewinnen. Das Gefühl kennen wir gut, und wie jedermann wünschen wir uns im Alltag eigentlich Klarheit und Ordnung. Im Gegensatz zu vielen anderen Menschen haben wir es uns aber zum Beruf gemacht, einladende und aufgeräumte Wohnungen zu entdecken. Wir von Remodelista (www.remodelista.com) interessieren uns für Design und haben uns das Ziel gesetzt, den Geheimnissen solcher Wohnungen auf die Spur zu kommen. Die Lehren, die wir daraus ziehen, setzen wir in unseren eigenen Wohnungen um, in kleinen Studios ebenso wie in Häusern für eine ganze Familie. Wir sortieren aus, verstauen clever und kaufen mit Verstand ein. Das gelingt an manchen Tagen besser als an anderen, aber ein unsichtbares Sicherheitsnetz der Ordnung ist immer dabei.

Wir können auch Ihnen helfen, mehr Ordnung und Übersicht ins Leben zu bringen, damit Sie sich jeden Tag freuen können, nach Hause zu kommen. Eine aufgeräumte Wohnung ist nicht nur übersichtlicher, sie wirkt auch größer, heller und ruhiger. Sie verschwenden keine Zeit mehr damit, nach verlegten Brillen oder Schlüsseln zu suchen, und Sie brauchen nicht so viel zu verstecken, weil das, was Sie haben, sich sehen lassen kann.

Das Zauberwort für Übersichtlichkeit lautet Stauraum, aber meistens steht dabei die Ordnung im Vordergrund, und die Ästhetik bleibt auf der Strecke. Uns geht es darum, Ordnung zu schaffen, ohne den Stil zu opfern. Dabei hilft es, sich auf das Wesentliche zu konzentrieren und Alltagsdinge zu würdigen. Wir schätzen gut gemachte, praktische Lösungen, beispielsweise Körbe, Tonnen aus Segeltuch oder simple Holzleisten mit Haken. Habseligkeiten sollten nicht nur ordentlich, sondern auch alltagsgerecht verwahrt werden. Ob Sie auf Minimalismus stehen oder ein Sammlerherz haben: Mit unserem Konzept besitzen Sie vielleicht weniger, aber dafür schönere Dinge, und Sie erleben im Alltag mehr Momente, die Ihnen Inspiration und Zufriedenheit schenken.

In diesem Buch stellen wir zuerst die Remodelista-Ordnungsphilosophie vor. Dann nehmen wir uns die Räume einzeln vor und präsentieren Lösungen für die schwierigsten Bereiche der Wohnung, veranschaulicht durch anregende Fotos von Matthew Williams. Hier finden Sie Ideen für typische Sorgenkinder wie die Toilettenbürste oder den Kabelsalat und pfiffige Tipps von Profis verschiedener Disziplinen, in denen Ordnung eine besondere Rolle spielt – vom Bootsbauer bis zur Erzieherin im Kindergarten.

Den Abschluss bildet eine Übersicht von 75 Stauraumlösungen, die uns überzeugt haben, und ein umfangreiches Verzeichnis von Adressen, in dem wir auch Alternativen zu Plastik präsentieren und verraten, wie man Überflüssiges sinnvoll loswird.

Das Ziel des ganzen Unternehmens sind Räume, die sich leicht in Ordnung halten lassen und dabei charmant, individuell und zweckmäßig sind. Schließlich geht es darum, in der eigenen Wohnung möglichst reibungslos und glücklich zu leben.

Ordnung ist eine Kunst: Ein Manifest

Wir sind überzeugt davon, dass Ordnung das Leben besser macht.
Wie kann das gelingen? Mit acht einfachen Schritten.

01

Weniger (und bessere) Dinge kaufen. Vermeiden Sie unbedachte Spontankäufe. Setzen Sie lieber bewusst auf Qualität.

02

Überflüssiges verschenken. Das schließt auch »gut gemeinte« Geschenke ein. Jemand anders kann sie vielleicht gut gebrauchen.

03

Vorhandenes nutzen. Schöne Körbe, Tabletts, Kästen und Hakenleisten schaffen Ordnung. Manches haben Sie vielleicht schon im Haus.

04

Von den Profis lernen. Augen auf beim Einkaufen und auf Reisen. In Läden und Hotels kann man viele gute, bezahlbare Lösungen entdecken und für die eigene Wohnung übernehmen.

05

Bitte kein Plastik. Schöner sind Produkte aus nachhaltigen Materialien wie Holz, Glas oder Keramik. Unser Planet profitiert davon, und man muss sie nicht verstecken.

06

Den Bestand kennen. Jede Menge Stauraum ist nicht immer gut. Wir glauben, dass riesige Schränke wünschenswert sind, aber oft verleiten sie dazu, Dinge zu horten und am Ende den Überblick zu verlieren

07

Verlässliche Routinen machen das Leben leichter. Bewahren Sie Schlüssel, Brille und andere wichtige Dinge immer an einem bestimmten Platz auf. (Siehe auch »Tägliche Rituale«, Seite 18.)

08

Entspannen und zu Hause fühlen. Übertriebene Ordnung wirkt weder auf Bewohner noch auf Besucher einladend. Räume sind zum Leben da.

S&P

12 Strategien für alle Fälle

Um Ordnung zu halten brauchen Sie weder riesige Schränke noch Einbauten. Sie brauchen nur einen Platz für jedes Ding. Hier zeigen wir unsere Lieblingslösungen, die sich – manchmal abgewandelt – überall umsetzen lassen. Ihnen werden Sie in diesem Buch immer wieder begegnen.

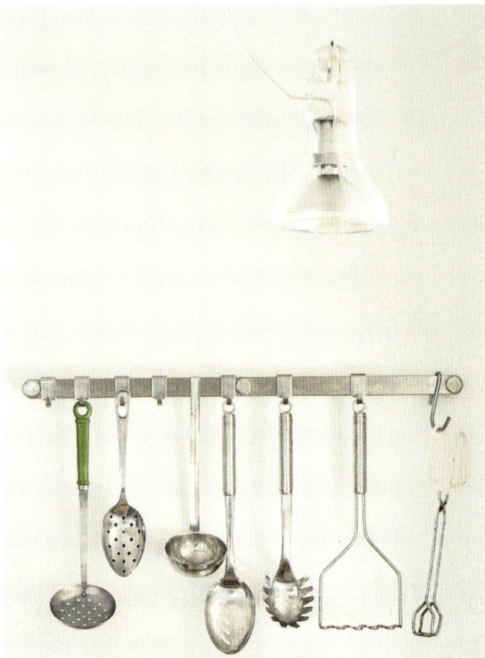

STRATEGIE 01

Aufhängen

Nicht genug Schubladen? Auch an Haken und Hakenleisten können Utensilien aufgeräumt und griffbereit verstaut werden. Das hat gleich drei Vorteile: Solche Lösungen kosten sehr wenig, sie sehen gut aus (selbst ein bescheidener Nagel kann Charme haben), und jeder kann sie leicht benutzen – auch Kinder.

STRATEGIE 02

Rollwagen

Ob Barwagen oder Industrie-Rolli: Es gibt verschiedenste fahrbare Möbel, auf denen sich Dinge kompakt verstauen lassen. Wenn man sie braucht, rollt man sie heran, und werden sie nicht benötigt, können sie in einer Ecke verschwinden.

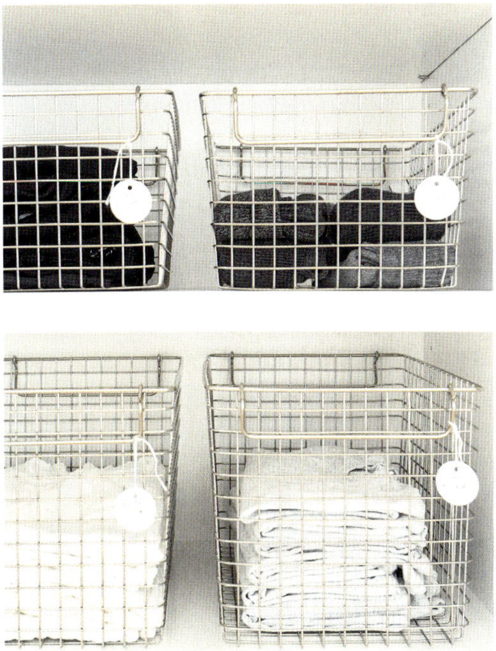

STRATEGIE 03
Beschriften

Praktisch, um zu wissen, was man hat – und was wohin gehört. Nach demselben Prinzip funktioniert auch ein Cockpit oder ein Operationssaal. Sie können Schildchen aus dem Schreibwarenladen anbinden oder Klebeband mit einem Marker beschriften. (Wir mögen Washi-Tape aus Reispapier, das sich rückstandslos entfernen lässt.) Verwenden Sie das Beschriftungsgerät lieber hinter den Kulissen. Handgeschriebene Etiketten dürfen sich sehen lassen.

STRATEGIE 04
Tabletts

Ein Tablett ist für eine Gruppe von Dingen wie ein Rahmen für ein Bild. Tabletts stellen einen Zusammenhang zwischen den Objekten her und werten sie dadurch auf. Außerdem verhindern sie, dass etwas verloren geht, und bieten sich darum vor allem für kleine Dinge an.

STRATEGIE 05

Regale

Regale an strategisch günstigen Plätzen sind ein toller Ordnungshelfer. Alles nötige Zubehör gibt es für wenig Geld im Baumarkt. Bringen Sie Regale überall da an, wo Sie sie brauchen. Auch Regalsysteme können praktisch sein und sind in großer Auswahl erhältlich.

STRATEGIE 06

Stapeln

Küchengeschirr lässt sich oft gut stapeln. Dasselbe gilt für Bücher und Zeitschriften oder für Kaminholz. Stapelmöbel (wie den Hocker Frosta von Ikea, Foto oben) sind in großer Auswahl zu bekommen. Stapeln hilft, den Raum gut auszunutzen. Übertreiben Sie es aber nicht, denn Sie möchten ja nicht zwischen Jenga-Türmen leben.

STRATEGIE 07

An die Tür

An Türen lassen sich, wie an Wänden, Haken und Regale verschiedener Art befestigen. (Die Hakenleiste oben stammt von Yamazaki, clevere Lösungen für Küche und Flur gibt es aber auch von anderen Herstellern.) Im Gegensatz zu Wänden haben Türen zwei Seiten, also lässt sich die Aufbewahrung leicht verstecken. Behängen Sie aber auf keinen Fall jede Tür. Beschränken Sie sich auf einige Plätze für Dinge, die wirklich oft benutzt werden.

STRATEGIE 08

Kabel bändigen

Kabelsalat ist in den meisten Wohnungen ein Ärgernis. Packen Sie ihn an wie ein Gärtner das Unkraut: mit einer Mischung aus behutsamen und radikalen Maßnahmen. Einzelne Kabel lassen sich mit einer Aktenklammer bändigen (Foto oben). Installieren Sie ausreichend Steckdosen, auch im Fußboden neben dem Sofa oder in der Rückwand von Badezimmerschubladen. Mehrfachsteckdosen und Verlängerungskabel können in Kästen oder anderen Stauraumlösungen verschwinden.

STRATEGIE 09

Umfüllen

Große Verpackungen nehmen viel Platz ein und sehen oft hässlich aus. Lernen Sie von Köchen und Forschern. In der Küche können Sie Olivenöl, Handseife und andere Flüssigkeiten in hübsche Flaschen umfüllen oder Getreide und Nudeln in Einweckgläsern verstauen. So gewinnen Sie Platz im Regal, Sie haben einen guten Überblick über die Vorräte und alles passt gut zusammen. Dasselbe Prinzip lässt sich für Büroklammern, Legosteine und noch viel mehr anwenden.

STRATEGIE 10

Kästen

Für Werkzeug, Nähzeug oder Verbandszeug haben die meisten Menschen einen speziellen Kasten. Warum nicht für andere Dinge? Ob Schublade, Kiste oder ein anderes Behältnis: Es ist sinnvoll, Dinge gemeinsam aufzubewahren, die miteinander zu tun haben. Am besten richtet man für alle Arbeiten, die regelmäßig zu erledigen sind, einen handlichen Kasten ein – Kofferpacken, Gruß- oder Danksagungskarten, spontane Essenseinladungen. Sie werden in diesem Buch Kästen für alle Räume finden.

STRATEGIE 11

Sortieren

Verstauen Sie Gleiches bei Gleichem, am besten mit einheitlichen Aufbewahrungslösungen. Architekten und Designer wissen schon lange, dass eine Reihe gleichartiger Dinge automatisch aufgeräumt aussieht – zum Beispiel Kleiderbügel aus Holz (weiß für Hemden, naturfarbig für Hosen).

STRATEGIE 12

Umfunktionieren

Lösen Sie sich vom eigentlichen Verwendungszweck. Stehsammler für Zeitschriften geben auch Folienrollen in der Küche ein Zuhause (siehe oben), Vorratsbehälter mit Deckel aus der Küche kann man für Wattestäbchen und andere Kleinigkeiten im Bad benutzen. Behälter, die sorgfältig gearbeitet sind, sehen in fast jedem Raum gut aus.

Tägliche Rituale

Es gibt einige einfache Gewohnheiten, auf die wir schwören, weil sie das Gefühl vermitteln, alles im Griff zu haben. Alle zusammen nehmen jeden Tag nur einige wenige Minuten in Anspruch, aber sie wirken Wunder.

01

Jeden Morgen das Bett machen. Wer statt Wolldecke und Überschlaglaken eine Bettdecke im Bezug besitzt, ist damit in 15 Sekunden fertig. Studien haben gezeigt, dass Bettenmacher nicht nur ruhiger sind als Betten-Nichtmacher, sondern auch glücklicher, gesünder und erfolgreicher.

02

Hängen Sie beim Nachhausekommen die Jacke auf. Nicht auf das nächstbeste Möbelstück fallen lassen!

03

Geben Sie den Schlüsseln einen festen Platz. (Einfache Ideen dafür auf Seite 30.)

04

Stecken Sie eine leichte Stofftasche ein, wenn Sie aus dem Haus gehen. So vermeiden Sie, Berge von Papier- und Plastiktüten mitzubringen.

05

Post täglich öffnen, dann gleich bearbeiten, ablegen oder wegwerfen.

06

Vor dem abendlichen Abschlaffen kurz aufklaren: Küchenarbeitsflächen abwischen, Rucksack aufhängen, herumliegende Schuhe in einen Korb legen. Spitzenidee: Eine Ladestation einrichten (siehe Seite 38) und abends alle Geräte anschließen. Der Tag fängt gut an, wenn alle voll geladen sind.

07

Vor dem Schlafengehen Kleidung aufräumen: Aufhängen, zusammenfalten oder in den Schmutzwäschekorb stecken. Wer dazu neigt, Haufen auf den Boden zu werfen, sollte über Wandhaken nachdenken.

Der Eingan

g

Ordnung im Flur ist wichtig. Wer wird schon gern vom Chaos begrüßt? Ein gut durchdachter Eingangsbereich zahlt sich auch im späteren Tagesverlauf aus, weil das Suchen nach verlegten Sachen ein Ende hat. Es ist ganz einfach, den Überblick zu behalten. Verstauen Sie möglichst wenige Dinge im Flur, sorgen Sie für reichlich Bewegungsfreiheit, und missbrauchen Sie den Flur nicht als Abladeplatz. Was aufgehängt, in Schubladen oder Körben verstaut werden kann, muss nicht herumliegen. Wenn ein Ordnungssystem gefunden ist, müssen Sie (und alle Mitbewohner) seine Benutzung trainieren. Wer nach Hause kommt, hängt Schlüssel, Jacke und Tasche an den vorgesehenen Platz. Immer. So einfach ist das.

1
2
3
4 PM DENTIST – DARCY
DINNER : QUITTNERS
5
6
7
8

ZUM NACHMACHEN

Flur im Shaker-Stil

In einem Haushalt mit mehreren Bewohnern ist ausreichend Stauraum im Flur wichtig. Diese Lösung mit Hakenleisten im Shaker-Stil (siehe Seite 33) und anderen praktischen Ideen (siehe »Unsere Top 75« ab Seite 162) lässt sich auch in einem sehr kleinen Flur gut umsetzen. Lesen Sie hier, warum es funktioniert.

1 **Haken** direkt neben der Tür machen es Kindern leicht, ihre Taschen aufzuhängen. (Die Taschen der Eltern hängen am anderen Ende.)

2 An der **Hakenleiste** kann auch ein Bild hängen.

3 Jedes Familienmitglied hat seinen eigenen **Jackenhaken.**

4 Ein kleines **Hängeregal** von Pottery Barn schafft Platz für kleine Dinge wie Sonnencreme (im Körbchen), Schlüssel und ein Tablett für Sonnenbrillen.

5 An der **Tafel** können kurze Nachrichten und wichtige Infos (zum Beispiel die Telefonnummer des Babysitters) notiert werden.

6 In der **Segeltuchtasche** sind die aktuell angesagten Schals und Mützen verstaut.

7 Unter der **Bank (Tjusig von Ikea)** finden zehn Paar Schuhe Platz.

8 Die Tagespost wird auf dem **Bugholztablett** abgelegt.

ZUM NACHMACHEN

Ein praktischer Familienflur

Den praktischen Eingangsbereich in einer Stadtwohnung hat die Architektin Annabelle Selldorf für eine vierköpfige Familie entworfen. Hier ist Platz für alles – Rucksäcke, Bälle und noch viel mehr. Warum funktioniert er?

1 **Beschriftete Segeltuchboxen** für alles, was täglich gebraucht wird. Jedes Familienmitglied hat eine Box, außerdem gibt es weitere Kästen für Mützen, Helme und Einkaufstaschen.

2 Lange **Garderobenstange,** umgeben von eingebauten Regalfächern für dies und das.

3 Tennisschläger stecken in einer **Segeltuchtasche**, die über einem Kleiderbügel hängt.

4 Für Schals und Tücher hängt ein **Ringbügel** bereit.

5 Zwei gleiche **Fußmatten**, eine draußen und eine drinnen, verhindern, dass Schmutz hereingetragen wird.

6 Nasse Stiefel werden auf einem **zweckentfremdeten Backblech** abgestellt.

1
2
3
4
6

2
3
4
5
1
6
9
7
8

Zum Nachmachen

Eingangsbereich für ein kleines Apartment

Die Wohnung ist klein oder hat gar keinen Flur? Kein Problem, mit einem Garderobenmöbel lässt sich Platz für alles Wesentliche schaffen. Und falls ein Umzug ansteht, kann man das ganze Ensemble einfach mitnehmen. So funktioniert es:

1 **Dieses Möbel wird an der Wand montiert.** Es bietet genug Platz, um Dinge aufzuhängen und abzulegen. Dieses Exemplar von Stattmann Neue Möbel ist einer der Remodelista-Favoriten. (Ähnlich gute Lösungen bieten auch Crate & Barrel und Ikea an.)

2 Taschen und Hüte werden ganz oben auf dem **Stahlregal** abgelegt.

3 An den **Haken** hängen Jacken, aber auch die Hundeleine, ein Schlüsselband aus Leder und eine tragbare Leuchte von Flos.

4 **Ein kleiner Wecker** hilft, pünktlich aus dem Haus zu kommen.

5 Für die kurze Sichtkontrolle vor dem Weggehen hängt ein **Spiegel** bereit.

6 Im unteren Bereich befinden sich **Fächer mit Unterteilungen** für Schlüssel, Post und loses Kleingeld.

7 **Ein Hocker** ist praktisch, um Schuhe an- und auszuziehen, oder um das obere Bord zu erreichen. Dieser wurde billig bei eBay ersteigert und mit grauer Farbe von Farrow & Ball aufgemöbelt.

8 Schuhe landen nach dem Nachhausekommen in einem **robusten Korb.**

9 Ein **Schirmständer von Muji** hütet die Yogamatte.

Geheimrezept für einen ordentlichen Flur

Es lohnt sich, einige Dinge täglich zu erledigen, angefangen mit der Post. Setzen Sie auf E-Mail und ähnliche Medien. Was in Papierform ins Haus flattert, sollte einen festen Platz bekommen (Ideen auf Seite 31) und täglich durchgesehen werden. Werfen Sie Überflüssiges sofort weg, und sortieren Sie den Rest. Sie könnten beispielsweise Kästen einrichten – für persönliche Post, Rechnungen, Zeitschriften und für Papiere, die abgelegt werden müssen. Einmal im Jahr wird gründlich aufgeräumt.

Bitte wegwerfen

- Kaputte Regenschirme
- Schlüssel, die zu keinem Schloss passen
- Einzelne Handschuhe
- Zu klein gewordene Kindersachen
- Unbenutzte Sportutensilien und schäbige Tennisbälle
- Werbung und Massendrucksachen
- Alles, was doppelt ist
- Überflüssige Schuhe und Taschen. (In den Flur gehört nur, was täglich benutzt wird. Alles andere woanders unterbringen, ausgediente Lieblingsstücke ausmustern.)
- Jacken und Mäntel für andere Jahreszeiten. (Wenn kein großer Schrank vorhanden ist, in dem auch Jacken von Gästen Platz finden, sollten voluminöse Winterjacken woanders aufbewahrt werden.)

Gute Ideen, um überflüssige Dinge sinnvoll loszuwerden auf Seite 194–198.

Wohin mit den Schlüsseln?

Ob Sie Schlüssel aufhängen oder ablegen, ist eine Frage der persönlichen Vorlieben. wichtig ist nur, ein gutes System zu finden und sich konsequent daran zu halten. Diese vier Lösungen gefallen uns.

Tassenhaken

Farbige Haken

Magnetleiste für Messer

Tablett oder Schale

Wohin mit der Post?

Ein- und ausgehende Briefe können verloren gehen, wenn sie keinen festen Platz haben. Legen Sie einen Ablagebereich fest, damit Sie Wichtiges im Blick behalten und nichts unbearbeitet liegen bleibt.

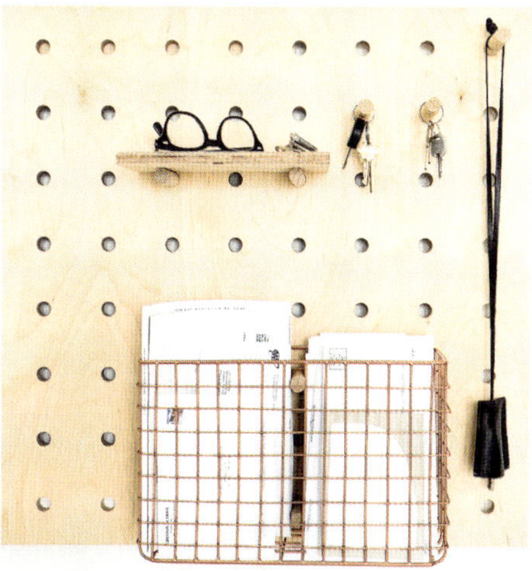

Wand-Organizer

Hakenleiste

Schublade mit Fächern

12
9
3
6

EXPERTEN-TIPPS

Von den Shakern lernen

Man könnte meinen, die Shaker hätten den Minimalismus erfunden. Ein einfaches Leben und Reinlichkeit waren Werte, die in dieser Sekte einen hohen Stellenwert besaßen. Ihr sparsamer Einrichtungsstil und die klugen Aufbewahrungsideen liefern uns immer wieder Anregungen. Diese fünf Lösungen hat **Lesley Herzberg** ausgesucht, Kuratorin des Hancock Shaker Village in Pittsfeld, Massachusetts. Alle bewähren sich auch in einer durchschnittlichen Wohnung.

1. **Vielseitige Hakenleisten.** Die Shaker befestigten diese bescheidenen Leisten oft an allen Wänden eines Raums, mal hoch und mal niedrig, manchmal auch in zwei Reihen. Herzberg zufolge bewirken sie, dass »Ordnung zum Automatismus wird«.

2. **Nicht nur Kleidung aufhängen.** Alles, was eine Schlaufe hat, kann an einem Haken hängen. Im hier abgebildeten Flur sind ein Schuhlöffel, ein Spiegel, ein Ringbügel mit Schlüsseln und eine Uhr aus Ahorn von Stanley Ruiz nebeneinander aufgereiht.

3. **Liebe deinen Besen.** Wenn das Nützliche gut aussieht, kann es zur Dekoration werden.

4. **Setze auf bewegliche Möbel.** Sie machen Räume variabel und erleichtern es, den Fußboden zu reinigen. Die typischen Shaker-Stühle mit dem Sprossenrücken waren leicht, denn auch sie wurden, wenn sie nicht in Gebrauch waren, aufgehängt (kopfüber, damit sich kein Staub auf den Sitzen sammelte).

5. **Schau ins Innere.** Schränke und Schreibtische fressen Platz, es sei denn, sie sind eingebaut. Die Shaker nutzten Bereiche zwischen tragenden Pfosten ihrer Wände für Schubladen, Regale und Schränke. Klopfen Sie zusammen mit einem Tischler die Wände Ihrer Wohnung ab, vielleicht versteckt sich darin Stauraum.

Wohin mit den Schuhen?

Wir finden, dass jeder beim Betreten der Wohnung die Schuhe ausziehen sollte. Dadurch bleibt das Haus sauber. Hier zeigen wir simple Ideen zum Verstauen von Schuhen im Flur.

Metalltablett

Gut für die neuen Lieblingsschuhe, und praktisch für alles, was nass und matschig ist. Dieses Modell von Crate & Barrel aus verzinktem Eisen ist mit einer Gummimatte ausgelegt. (Sie können auch überzählige Backbleche aus der Küche zweckentfremden.)

Truhenbank

So eine Bank mit Stauraum *und* Sitzfläche ist in jedem Flur ein Gewinn. Dieses Modell stammt von Ikea, aber wer etwas Geschick hat, kann eine ähnliche Truhe auch selbst bauen. Unter dem Deckel stehen drei beschriftete Körbe von Korbo: für Hausschuhe, Sportschuhe und Straßenschuhe.

Kleinfach-Regale

Solche Regale kennt man aus Kindergärten, aber sie sind auch für die Wohnung sinnvoll, denn jeder hat sein Fach. Erhältlich sind sie beim Container Store und anderen Anbietern.

Körbe und Tonnen

Der Vorteil von Körben ist, dass sie leicht und tragbar sind. Dieses Modell aus Frankreich verbreitet Sommerlaune. Auch Holzkisten sind praktisch.

HDX
DURACELL

Mehr als clever

Werkzeugschublade de Luxe

Richten Sie in der Küche oder im Flur eine Schublade für einfache Werkzeuge ein, die man regelmäßig braucht. So sparen Sie sich Wege in den Keller, die Garage oder den Schuppen. Und wenn einmal der Strom ausfällt, sind Sie gewappnet.

Das Wichtigste

- Robuste Schere
- Taschenlampe
- Hammer und Nägel
- Zange
- Schraubendreher
- Schraubenschlüssel
- Cutter
- Batterien
- Klebeband
- Maßband
- Reißzwecken
- Bindfaden
- Gummibänder

Auch nützlich

- Kerzen und Streichhölzer
- Bilderdraht
- Behälter mit Kleingeld
- Lupe

GUT ZU HABEN

Ladestation für elektronische Geräte

Eine diskrete Ladestation ist praktisch, um elektronische Geräte immer einsatzbereit zu halten und Kabelsalat zu vermeiden. Hier zeigen wir zwei gute, unauffällige Lösungen: eine unterteilte Schublade im Flur (gegenüber) und eine ausziehbare Platte am Ende eines Küchenschranks (unten).

EXPERTEN-TIPPS

Vom Kindergarten lernen

Wenn Fünfjährige lernen können, ihre Sachen wegzuräumen, dann können Sie und Ihre Mitbewohner das auch. Hier verrät **Howard Garrett,** Erzieher an der Saint Ann's School in Brooklyn (New York) sieben Tricks und Strategien, die sich leicht auf die private Wohnung übertragen lassen.

1 **Ideale Aufbewahrungslösungen sind leicht erreichbar, gut zu sehen und transportabel, zum Beispiel Boxen oder Kleinfachregale.** Es ist einfacher, Dinge an den richtigen Platz zu legen, wenn man sieht, wohin sie gehören.

2 **Alles beschriften.** Einfache Wörter in Blockbuchstaben und simple Zeichnungen – oder beides – verdeutlichen das Ordnungssystem. Auf die künstlerische Ausführung kommt es nicht an.

3 **Zonen einrichten.** Verstauen Sie Dinge gleicher Art am gleichen Platz: Direkt am Eingang Plätze für Jacken, Schlüssel und Taschen. Reichlich Regale für Lesestoff. Ein Schrank oder eine Wand für Besen und andere Putzutensilien.

4 **Immer nur wenige Dinge gleichzeitig aus dem Stauraum nehmen –** und wieder wegräumen, bevor die nächste Tätigkeit begonnen wird. So vermeiden Sie Unordnung und das Aufräumen ist weniger mühsam.

5 **Klare Ansagen.** Jeder muss die täglichen Aufgaben kennen und ihren Sinn verstehen.

6 **Aufräumen mit Spaß.** Mit der Lieblingsmusik – gern laut – geht es leichter.

7 **Loben, loben, loben!** Es erfordert Geduld und beharrliches Training, bis sich neue Gewohnheiten verselbstständigen. Schimpfen Sie nicht, sondern loben Sie. Nette Worte und Komplimente bringen mehr als Schelte.

BALLS

Die
Küche

Der Küche verlangen wir eine Menge ab. Einerseits soll sie ein funktionaler Arbeitsplatz sein, andererseits wollen wir dort gemütlich zusammensitzen und essen. Uns ist aber aufgefallen, dass die meisten Küchen – große wie kleine – mit unnötigen Kochutensilien, Geschirr, Konserven und Trockenvorräten überfrachtet sind. Wer sinnvoll ausdünnt, wird viel Bewegungsfreiheit und Wohnlichkeit gewinnen. Lesen Sie unsere Liste der wirklich notwendigen Dinge, und nehmen Sie sich einen Nachmittag Zeit zum Aussortieren (siehe Seite 50–51). Schauen Sie sich auch unsere Aufbewahrungsideen an. Bestimmt sind einige dabei, die Ihnen nützlich sind.

ZUM NACHMACHEN

Kleine Küche, klug genutzt

In dieser kompakten Küche sind offener und geschlossener Stauraum gekonnt kombiniert. Töpfe und Pfannen verschwinden hinter Türen. Dinge, die oft benutzt werden, hängen an Stangen, damit die Arbeitsfläche frei bleibt. Fast alle unserer grundlegenden Strategien (siehe Seite 12–13) kommen hier zum Einsatz, außerdem wird auf Plastik verzichtet (unsere Alternativen auf Seite 192–193). Und so funktioniert es:

1 **Geschirr stapeln und Trockenvorräte umfüllen,** um Platz zu sparen.

2 **Ein Spanndraht für Vorhänge (Diginet von Ikea)** dient als Aufhängung für oft benutzte Utensilien.

3 Küchenschere, Kaffeefilter, Topfschrubber und anderes Zubehör hängt griffbereit an **S-Haken und Metallclips.**

4 **Tabletts** schaffen Ordnung auf der Arbeitsfläche: ein Emailletablett für Abwasch-Utensilien, ein Backblech unter dem Geschirr-Abtropfgestell.

5 **Ein Druck von Hugo Guinness** lehnt an der Wand – damit es nicht nur nach Arbeit aussieht. Was spricht gegen Kunst in der Küche?

6 Sparschäler und andere Werkzeuge sind in einem **Hängekörbchen** verstaut.

7 **In Edelstahlbehältern,** die ineinander passen, werden Lebensmittel umweltfreundlich aufbewahrt.

2
3
4
5
6
7

EXPERTEN-TIPPS

Von Profiköchen lernen

In einer professionellen Küche muss alles Wichtige griffbereit sein, ohne die Arbeitsflächen zu blockieren. Platz ist oft Mangelware. **Dana Cowin**, die jahrelang als Chefredakteurin der Zeitschrift *Food & Wine* tätig war, hat hier fünf gute Tipps zusammengestellt, die sie aus Küchen von Spitzenköchen kennt.

1 **Einen Platz für alles, und alles an seinem Platz.** Niemand muss jemals einen Löffel suchen, und die Pfannen stehen immer da, wo sie auch am Vortag standen. »Denken Sie an Julia Childs und ihre Hakenleiste für Töpfe«, sagt Cowin.

2 **Alles sichtbar und in Griffweite.** Töpfe und Pfannen können an S-Haken aufgehängt werden, kleinere Utensilien an einer Stange. Messer stecken in einem Block (wenn die Klingen aufeinander liegen, laufen sie an). »Köche würden die meisten Schubladen abschaffen, wenn sie könnten.«

3 **Reduzieren.** Weil Platz oft knapp ist und gute Utensilien teuer sind, beschränken sich viele Köche auf das wirklich Notwendige (siehe Seite 50–51).

4 **Grundzutaten in Großpackungen kaufen und in kleine, handliche Behälter umfüllen.** Ja, selbst Köche füllen Zutaten wie Mehl, Zucker oder Speisestärke um. Die kleinen Behälter werden dann griffbereit auf einem Regal oder in einer Schublade verstaut.

5 **Den Fachhandel für Gastronomiebedarf entdecken.** Dort gibt es viele tolle Dinge für die private Küche, zum Beispiel Schneidebretter, weiße Teller oder Topfhalter aus Edelstahl – alles in robuster Qualität und zu bezahlbaren Preisen (siehe auch Seite 216).

Loblied auf das Tablett

Tabletts machen sich überall im Haus nützlich, vor allem aber in direkter Nähe zu Spüle und Herd. Sie sind leicht zu säubern und sehr praktisch, weil man sie jederzeit zur Seite stellen kann, und sie werten sogar simpelste Utensilien zu einem Stillleben im Stil von Giorgio Morandi auf. Es dürfen gern mehrere sein. Ein Tablett auf einem Tablett schafft visuelle Ordnung und macht es leicht, kleine Dinge übersichtlich aufzubewahren.

Bestandsaufnahme und Schlankheitskur

Hier haben wir alles zusammengestellt, was unserer Meinung nach notwendig ist – und worauf Sie gut verzichten können.

Das brauchen Sie

Vorbereiten

- 3 Messer: Kochmesser, Schälmesser und Messer mit Sägeklinge
- 2 Schneidebretter (eins für Gemüse, eins für Fleisch)
- Sparschäler
- Kastenreibe
- Gemüsehobel (fein)
- Küchenschere
- Dosenöffner
- Sieb
- Kochlöffel
- Teigschaber
- Schneebesen
- Küchenzange
- Bratenthermometer

Kochen

- Topf mit Deckel, 7 Liter
- Topf mit Deckel für Pasta, 13 Liter
- Schmortopf (am besten Gusseisen), 7–9 Liter
- Bratpfanne, 35 cm
- Bräter

Backen

- 2 Messbecher (einer für Flüssigkeiten, einer für trockene Zutaten wie Mehl und Zucker)
- 1 Satz Messlöffel
- 3 Rührschüsseln in verschiedenen Größen (die idealerweise auch zum Servieren und Aufbewahren von Resten benutzt werden können)
- Backblech mit höherem Rand
- 2 Backformen in verschiedenen Größen und Formen

Servieren

- Pro Person im Haushalt je 2 flache Teller, Frühstücksteller und Suppenteller, Müslischalen und Trinkgläser, zusätzlich 2–4 Sets für Gäste (je nachdem, wie oft Sie Gäste haben)
- 2 Servierplatten

Sonstiges

- 2 Topflappen oder -handschuhe
- 4 Geschirrtücher
- Vorratsbehälter
- Küchenmaschine oder Mixer
- Kaffeebereiter

Weg damit

- **Überflüssige Geräte und Utensilien.** Wie oft benutzen Sie den Sandwichtoaster? Wie viele Schneidebretter brauchen Sie wirklich? Und nehmen Sie den Kirschenentsteiner öfter als einmal im Jahr in die Hand?

- **Überzähliges Geschirr.** Sie brauchen nur etwa doppelt so viel Geschirr, wie Ihr Haushalt Bewohner hat (siehe gegenüber).

- **Separates Geschirr für Alltag *und* Feiertage.** Wählen Sie ein neutrales Design, das Ihnen gefällt. Wir schwören auf schlichtes, weißes Geschirr. Je nach Anlass kann es mit Sets, Stoffservietten und Blumenschmuck aufgewertet werden.

- **Einzelstücke.** Zusammengehöriges Geschirr lässt sich am besten stapeln. Einzelne Teller, Schälchen oder Becher sollten aussortiert werden. Na gut, ein oder zwei Lieblingsstücke sind genehmigt.

- **Große Geräte, die selten benutzt werden.** Wenn Sie nur selten backen, könnte beispielsweise der Mixer woanders aufbewahrt werden.

- **Ungeliebte Geschenke.** Trennen Sie sich von den »gut gemeinten« Desserttellern, der Kristallvase oder der »hübschen« Schüssel. Stauraum in der Küche ist zu kostbar, um ihn zu verschwenden.

- **Abgelaufene Gewürze und Konserven.** Sortieren Sie aus, was das Verfallsdatum überschritten hat. Reduzieren Sie in Zukunft die Vorräte. Was ganz hinten im Schrank steht, wird meist vergessen. Dasselbe gilt für Trockenvorräte wie Nudeln oder Getreide.

Tipps zum Loswerden überflüssiger Dinge auf Seite 194–198.

Töpfe und Pfannen: Hauptsache gut erreichbar

Stapeln Sie Töpfe und Pfannen sinnvoll. Kochen soll Spaß machen und nicht mit Ausgrabungsarbeiten einhergehen.

Aufhängen

Hängen Sie Töpfe und Pfannen mit S-Haken an einer Stange auf. In dieser engen Küche hilft ein Stahlrohr, den Platz zwischen Arbeitsfläche und Regal gut auszunutzen.

Ineinander stellen

Haben Sie mehrere, vielleicht schwere Töpfe in verschiedenen Größen? Dann sollten sie einheitliche Formen haben (wie diese Auflaufformen von Revol). Alle zusammen nehmen nur so viel Platz ein wie die größte von ihnen.

Etagen

Ein stabiles Gitterrost auf Füßen macht es möglich, viele Töpfe, Auflaufformen oder Bräter in einem ausziehbaren Schrankfach unterzubringen.

Drehbar

Mit speziellen Inneneinrichtungen für Eckschränke, hier von der Küchenfirma Bulthaup, lassen sich auch schwer erreichbare Ecken nutzen. Eine große drehbare Servierplatte ist eine preiswertere Alternative.

Platz für die Deckel: am besten separat

Deckel machen sich im Topfschrank gern selbstständig. Das lässt sich vermeiden, wenn man alle zusammen an einem separaten Platz aufbewahrt.

Türen nutzen

In dieser Architektenküche (oben links) wurde an der Innenseite der Schranktür ein spezieller Topfdeckelhalter montiert. Unsere preiswerte Lösung mit schlanken Handtuchstangen aus Metall (oben rechts) funktioniert ebenso gut.

Praktisches Hilfsmittel

In der tiefen Schublade ist genug Platz für einen Topfdeckelhalter von Ikea, der ähnlich gebaut ist wie eine Formularaufbewahrung für die Schreibtischschublade.

Hochkant

Hinter einer Stange aus dem Baumarkt, die mit einem Federmechanismus einfach festgeklemmt wird, stehen die Deckel an der Seite der Schublade.

Wohin mit den Messern? Griffbereit und aufgeräumt

Wenn man die Messer einfach in eine Schublade steckt, werden die Klingen leicht stumpf. Das lässt sich mit einer maßgeschneiderten Aufbewahrung vermeiden.

Messerhalter

Solche leichten Messerhalter aus Edelstahl werden gern in Restaurantküchen verwendet. Dieser bietet Platz für fünf Messer und einen Wetzstahl. Ähnliche Modelle sind im Fachhandel für Gastronomiebedarf für wenig Geld zu bekommen.

Aufrollen

Manche Köche nehmen ihre Messer in aufrollbaren »Werkzeugtaschen« aus Leder oder Segeltuch mit auf Reisen. Dieses Exemplar von der englischen Firma David Mellor hat zwölf Fächer. Aufgerollt nimmt es in der Schublade (oder im Reisegepäck) wenig Platz ein.

Magnetleiste

Hängt man Messer und Scheren mit ihren Klingen an eine Magnetleiste, sind sie immer schnell zur Hand. Diese edle Leiste von Jacob May für Quitokeeto besteht aus hellem Ahornholz (mit versteckten Magneten) und Befestigungselementen aus Messing. (Magnetleisten sind auch praktisch für Schlüssel, siehe Seite 30.)

Messerblock

So ein kompakter Messerblock steht am besten direkt neben dem Schneidebrett. Diese moderne Version des bewährten Klassikers besteht aus Sperrholz und stammt von David Mellor.

EXPERTEN-TIPPS

Von Ladenbesitzern lernen

Einzelhändler legen Wert darauf, ihre Waren gut sichtbar und optisch ansprechend zu präsentieren. **Sam Hamilton,** Küchendesigner und Inhaber der feinen Küchenboutique March in San Francisco, hat sechs Grundregeln zusammengestellt, die sich auch auf die private Küche gut anwenden lassen.

1 **Regale mit geringer Tiefe.** Benutzt werden hauptsächlich Dinge, die gut zu sehen sind. (Dasselbe gilt im Handel für den Verkaufserfolg.) Reihen Sie wichtige Utensilien in vorderster Front auf den Regalen auf. »Regale sollten höchstens Platz für zwei Reihen von Behältern bieten«, empfiehlt Hamilton. »Was weiter hinten steht, verliert man aus den Augen.«

2 **Zonen einrichten.** In Geschäften werden die Waren nach Themen gruppiert. Richten Sie auch in der Küche Bereiche zum Kaffeekochen, für Vorbereitungsarbeiten und so weiter an. Das jeweilige Zubehör stellen Sie am besten auf Tabletts.

3 **Kurze Wege.** Täglich benutztes Geschirr am besten in der Nähe von Spüle und Spülmaschine aufbewahren – umso einfacher wird das Ausräumen.

4 **Ellenbogenfreiheit.** Je weniger auf der Arbeitsfläche steht, desto besser. Fragen Sie sich, was Sie wirklich ständig benutzen. Alles andere kann woanders verstaut werden.

5 **Schubladen unterteilen.** Fächer, die auf die Größe der verstauten Utensilien abgestimmt sind, sorgen dafür, dass in Schubladen kein Durcheinander herrscht. Schubladeneinsätze gibt es fertig zu kaufen.

6 **Oben und unten.** In Geschäften wird vieles außer Sicht und dennoch gut erreichbar gelagert. Das geht auch in der Küche. Ein tiefer Eckschrank kann zur Garage für Küchengeräte werden, und selten benutztes Geschirr ist in den höchsten Schrankfächern gut untergebracht. Falls nötig, stellen Sie einen Hocker oder eine Trittleiter bereit.

Geschirr und Gläser: Nicht nur im Küchenschrank

Geschirr, das täglich benutzt wird, sollte jederzeit schnell zur Hand sein, am besten in direkter Nähe zu Spüle und Spülmaschine.

Wandregal

Dieses Tellerregal aus Edelstahl (online erhältlich bei Stovold & Pogue) ist der Einrichtung von Schiffskombüsen nachempfunden. Es dient nicht nur zur Aufbewahrung – das Geschirr kann darin auch abtropfen. Falls ein Regal für Ihren Haushalt nicht genügt, hängen Sie ein zweites daneben.

Rollwagen

Auf einem Metall-Rollwagen im Industriestil lässt sich eine Menge Geschirr unterbringen – und bequem bis an den Esstisch fahren. Der Londoner Koch und Ladenbesitzer Alastair Hendy hat diesen Wagen mit Krügen, Schüsseln und Tellern aus cremeweißem Porzellan gefüllt.

Offene Regale

Am praktischsten ist es, Regale für Gläser über der Spüle anzubringen. Diese kleine Küche mit einer Edelstahl-Arbeitsfläche im Gastro-Stil und maßgenau unter der Dachschräge eingebauten Regalen hat die Architektin Elizabeth Roberts entworfen.

Schublade

Gläser müssen nicht oberhalb der Arbeitsplatte stehen. In einer Schublade sind sie auch für Kinder leicht zu erreichen. Das Einräumen ist einfach, weil der Geschirrspüler gleich nebenan steht.

Spontane Cocktailparty

Wenn alle Requisiten, die für eine Party notwendig sind, an einem Platz verstaut sind, werden Sie bestimmt öfter Freunde auf ein Glas einladen. Am besten eignet sich für diesen Zweck eine Schublade in der Küche oder im Esszimmer. Extra-Tipp: Legen Sie die Utensilien auf Tabletts, dann bleibt alles beisammen, und die Tabletts selbst können Sie zum Servieren benutzen.

Das wichtigste

- Bar-Utensilien: Korkenzieher, Kapselheber, Barmaß und Rührlöffel
- Kerzen und Teelichter
- Streichhölzer
- Eiseimer
- Gläser
- Tabletts zum Servieren

Auch praktisch

- Besteck-Sets in Lederhüllen (siehe Seite 65)
- Stoffservietten mit Serviettenringen

PASANELLA & F
BIANCO
2014

Besteck aufbewahren: Nicht nur in der Schublade

Besteckhalter sorgen für mustergültige Ordnung, es gibt aber auch andere praktische Lösungen. Was sich für Sie am besten eignet, hängt von Ihrem Bestand ab.

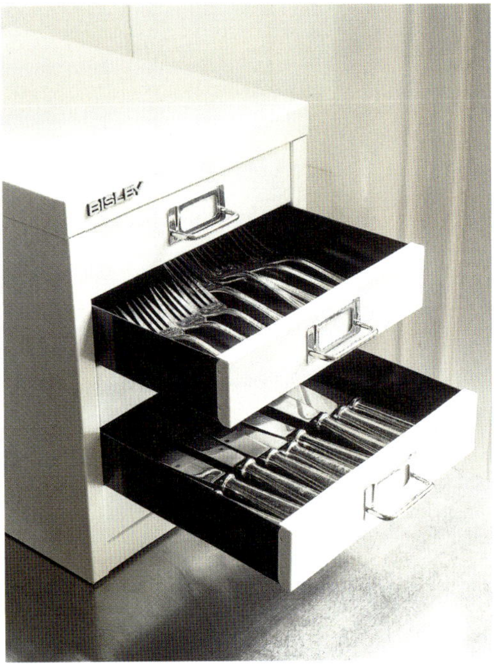

Schatztruhe reloaded

Diese Idee haben wir im Restaurant Cosme in New York gesehen. Messer, Gabeln und Löffel sind in Schubladencontainern – eigentlich für Bürobedarf – untergebracht, die auf einem Sideboard stehen (siehe »Unsere Top 75«, Seite 174).

Tablett mit hohem Rand

Besteck für acht Personen findet Platz auf diesem Keramiktablett, und wenn der Tisch gedeckt werden soll, ist alles mit einem Griff zur Hand.

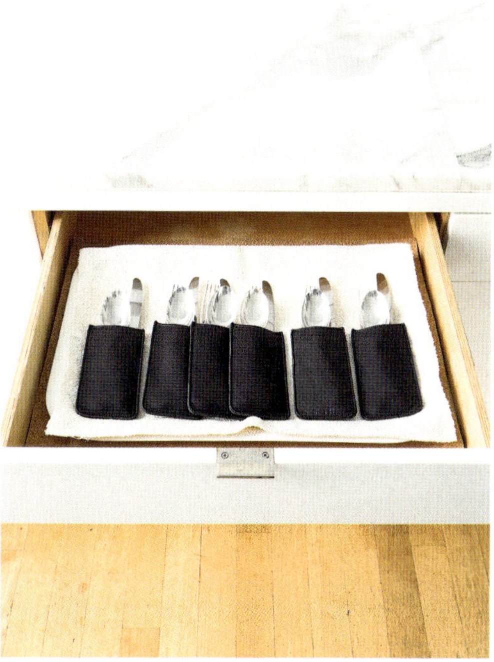

Aufgestellt

Wenn Schubladenplatz knapp ist, kann das Besteck auch in Behälter aus Metall oder Keramik einsortiert werden. Dies sind Konservendosen, von denen die Etiketten abgelöst wurden. Sie stehen auf Tabletts von Fog Linen (siehe auch »Unsere Top 75«, Seite 187).

Gepackte Taschen

Mit Taschen, in denen das Besteck für eine Person verstaut ist, lässt sich der Tisch im Handumdrehen decken. Diese Taschen aus Leder sind in Zusammenarbeit von March (San Francisco) und RTH (Los Angeles) entstanden. Solche Taschen kann man aus Stoffservietten oder stabilem Stoff leicht selbst nähen.

Wohin mit der Küchenrolle?

Selbst wenn man versucht, den Verbrauch zu reduzieren – ganz ohne Küchenrolle geht es kaum. Sie darf aber gern außer Sicht verstaut werden. Hier sehen Sie einige Ideen.

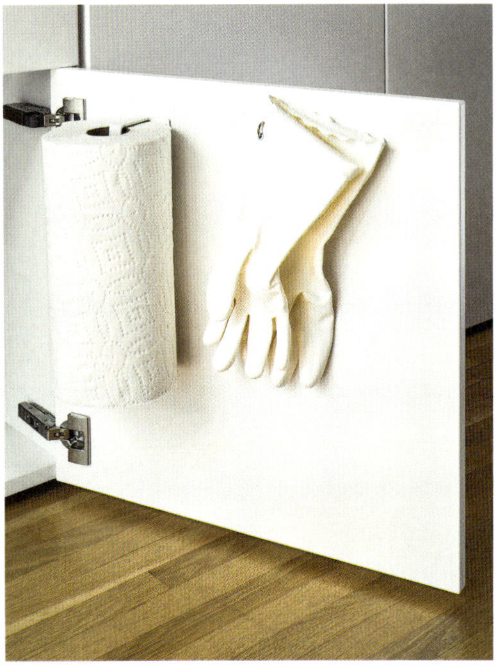

An einer Schranktür

Der Schrank unter der Spüle wird nicht immer optimal genutzt. Vielleicht findet dort ein Rollenhalter aus Metall Platz? (Dieser stammt von Yamazaki.) Daneben könnten Sie noch einen Haken für die Gummihandschuhe zum Abwaschen anbringen.

In einer Schublade

Ein Rollenhalter aus Metall (von Yamazaki) kann auch an der Seitenwand einer Schublade festgeschraubt werden: gut versteckt, aber schnell zur Hand.

Im Hängeschrank

Mit einer Gardinenstange mit Klemmmechanismus kann die Küchenrolle in einem Hängeschrank aufgehängt werden.

Im Unterschrank

Zwei verstellbare Stangenhalter (von Umbra) und ein Rundholz aus dem Baumarkt – fertig ist eine preiswerte und praktische Halterung für die Küchenrolle. Hier wurde sie in den Schrank unter der Spüle eingebaut.

Ordnung im Vorratsschrank: Umfüllen und Gruppieren

Große Kartons mit Frühstücksflocken, Tüten mit Mehl und Zucker, Plastikbeutel mit Nudeln und getrockneten Bohnen – Lebensmittelverpackungen sind so unterschiedlich, dass es schwierig ist, im Vorratsschrank Ordnung zu halten. Füllen Sie Vorräte lieber in einheitliche Behälter um, bevor Sie sie in die Regale einräumen. So wird der Platz effizient genutzt, und der Vorrat sieht schöner aus.

Die Designerin Michaela Scherrer hat in ihrer Küche (gegenüber) kurzerhand die alten Türen von den Hängeschränken abmontiert. Trockenzutaten lagert sie in Weckgläsern in verschiedenen Größen, Kräuter und Gewürze in säuberlich gestapelten Dosen und Tee in beklebten Pappkartons.

antipodes

MEHR ALS CLEVER

Die Gewürzschublade

Verstauen Sie Kräuter, Gewürze und dazugehöriges Werkzeug wie Knoblauchpresse und Muskatreibe an einem Platz. Getrocknete Kräuter halten sich nicht lange, wenn sie Tageslicht ausgesetzt sind. Darum ist es sinnvoll, nur kleine Mengen zu kaufen und dunkel zu lagern. Einen maßgeschneiderten Einsatz brauchen Sie nicht – Tabletts erfüllen denselben Zweck.

Das Wichtigste

- Einheitliche Gläser, zum Beispiel aus dem Fachhandel für Künstlerbedarf (siehe »Unsere Top 75«, Seite 179)
- Metalltabletts in passenden Größen für Ihre Schublade
- Washi-Tape zum Beschriften der Deckel (eine Idee aus einem Kochbuch von Heidi Swanson)

Auch praktisch

- Schere für Kräuter
- Gewürzmühle
- Knoblauchpresse
- Reibe für Ingwer
- Schälchen für besondere Salzarten

Black
Lava

6-15
5-31
Sharpie

MEHR ALS CLEVER

Es geht auch ohne Plastik

Wir verzichten auf Plastik, wo immer es geht. Zahlreiche wissenschaftliche Studien bestätigen, dass das auch den Lebensmitteln gut bekommt. Darum empfehlen wir, anstelle von Kunststoffboxen Aufbewahrungsbehälter aus Naturmaterialien zu verwenden. Details dazu finden Sie in »Unsere Top 75« (Seite 179–183) und »Alternativen zu Plastik« (Seite 192–193). Nützliche Strategien zur Müllvermeidung im Alltag kann man von Bea Johnson (ZeroWasteHome.com) und Lauren Singer (TrashIsforTossers.com) lernen.

Das Wichtigste

- Beutel aus Baumwolle
- Einweckgläser und Emaillebehälter
- Metallklammern
- Washi-Tape und ein Filzstift
- Bee's Wrap und anderes natürliches Verpackungsmaterial

Auch praktisch

- Schüsselhauben aus Leinen
- Papiertüten (halten beispielsweise Pilze im Gemüsefach frisch)
- Furoshiki-Tuch (siehe Seite 182)

Experten-Tipps

Von Foodies lernen

Gute Köche bewahren ihre Vorräte mit Sorgfalt auf. Aber wie schafft man Ordnung im Kühlschrank? Die Food-Fotografin und Kochbuchautorin **Karen Mordechai,** die auch die Community Sunday Suppers gegründet hat, kennt sechs gute Lösungen.

1 **Kleine Mengen kaufen, Überfüllung vermeiden.** »Ich habe mit den Jahren gelernt, Lebensmittel mit Verstand einzukaufen«, sagt Mordechai. »Das kann bedeuten, öfter einzukaufen, aber das ist in Ordnung. Übersicht im Kühlschrank finde ich appetitlich und anregend.«

2 **Zonen einrichten.** Chaos lässt sich vermeiden, wenn man Lebensmittel geordnet verstaut. In den meisten Kühlschränken ist es auf dem untersten Regal am kühlsten – ideal für Fleisch. Getränke können im oberen Fach liegen, Würzsaucen mit Essig (Ketchup, Senf) gehören in die Fächer in der Tür, wo es nicht so kalt ist. Reste stellt man am besten auf Augenhöhe, damit man sie nicht übersieht.

3 **Systematisch verbrauchen.** Was zuerst hineinkam, wird zuerst verbraucht. So halten es auch Lebensmittelhändler. Milch und andere schnell verderbliche Lebensmittel werden ganz vorn platziert.

4 **Einmal wöchentlich durchsehen und säubern.** »Eine geradezu therapeutische Arbeit«, sagt Mordechai. »Dabei entstehen immer ein oder zwei improvisierte Gerichte, vielleicht eine Frittata, eine Suppe oder ein großer Salat.«

5 **Behälter aus Emaille, Keramik oder Glas verwenden.** Im Gegensatz zu Plastikboxen können sie direkt aus dem Kühlschrank in den Ofen oder auf den Tisch wandern (und die Lebensmittel kommen nicht mit Weichmachern oder Phthalaten in Berührung). Inhalt und Haltbarkeitsdatum können auf Washi-Tape geschrieben werden.

6 **Obst und Gemüse in wiederverwendbaren Stoffbeuteln und Netzen (statt in Plastiktüten) lagern.** Bezugsquellen siehe Seite 182. Und nutzen Sie den Kühlschrank richtig. Ins Gemüsefach, wo die Luftfeuchtigkeit hoch ist, gehören Gemüse, Kräuter und Erdbeeren. Orangen, Äpfel, Steinobst, Avocados und andere Ethylenproduzenten bei geringerer Luftfeuchtigkeit lagern.

Orange Blossom Water
S-31

Das Bad

Sauber und aufgeräumt soll ein Badezimmer wirken. Und weil Stauraum gerade im Bad fast immer Mangelware ist, müssen alle Schubladen, Schränke und Abstellflächen klug genutzt werden. In diesem Kapitel finden Sie viele praktische Lösungen für das Bad, die sich sehen lassen können. Geeignete Behälter finden Sie überall im Haus, vor allem in der Küche (siehe Seite 86).

1
2
3
4
5
6
7

ZUM NACHMACHEN

Ein durchdachter Waschtisch

Wie lässt sich im Badezimmerschrank Ordnung schaffen? Überflüssiges Aussortieren, kleine Dinge in Behältern verstauen und alles, was täglich benutzt wird, nach vorn stellen. So funktioniert es:

1 **Kleine Tabletts** für täglich benutzte Utensilien.

2 **Eine kleine Blumenvase** lässt den Waschtisch freundlicher wirken.

3 Zahnseide, Wattestäbchen und andere Notwendigkeiten verschwinden in **Emaillebehältern** aus der Küche.

4 Ein **Werkzeugkasten** mit Griff für die Putzutensilien.

5 **Kulturtasche mit Reißverschluss** für alles, was nicht in den Medizinschrank passt.

6 **Segeltuch-Tonne** für den Toilettenpapier-Vorrat.

7 **Drahtkorb** für zusammengefaltete Handtücher und Waschlappen.

ZUM NACHMACHEN

Ein gut organisierter Spiegelschrank

Ein Bad mit Spa-Ambiente wünscht sich wohl jeder. Das geht sogar in einem winzigen Bad, wenn man den Spiegelschrank bewusst sorgfältig einräumt. Dafür brauchen Sie nur all die ungenutzten Dinge, die sich dort angesammelt haben, auszuräumen. (Medikamente sollten ohnehin eher kühl und bei geringer Luftfeuchtigkeit gelagert werden.) Widmen Sie den Spiegelschrank lieber den Schönheitsrequisiten: Make-up, Parfüm, vielleicht auch Schmuck. Wann immer Sie ihn öffnen, wird er die Stimmung heben. So funktioniert es:

1 **Eine Steckdose im Schrank** ist praktisch für elektrische Zahnbürste, Rasierapparat und Föhn.

2 **Jedes Regal für einen bestimmten Zweck:** eins für Schminksachen, eins für Hautpflegeprodukte, und die Zahnpflege-Utensilien ganz leicht erreichbar im untersten Fach.

3 **Nichts Überflüssiges** – dann brauchen Sie auch nichts zu suchen. Hier werden nur Lieblingsdinge aufbewahrt.

4 **Attraktive Gefäße schaffen Ordnung.** Wie wäre es mit schlichten Laborgläsern oder vielleicht einem antiken Silberbecher?

5 **Ein Reisewecker** hilft dabei, die Zeit im Blick zu behalten.

6 **Ein Bündel Vetiverwurzeln** (von Bell'Occhio) überrascht jedes Mal, wenn Sie den Schrank öffnen, mit angenehmem Duft.

7 **Eine Türhakenleiste aus Metall** (von Yamazaki) auf der Innenseite ist nützlich, um Schmuck aufzuhängen.

1
2
3
4
5
6
7
Aesop.
MOUTHWASH
BAIN DE BOUCHE

7 Dinge, die nicht ins Bad gehören

1 Pflege- und Schminkutensilien, die seltener als einmal wöchentlich benutzt werden

2 Abgelaufene Medikamente und Kosmetika

3 Produkte in Mini-Größen (lieber beim Reisegepäck aufbewahren, siehe Seite 116)

4 Alles, was Sie mehrfach haben (Zahncreme, Kamm und Bürste, Nagelknipser, Pinzette, Aspirin usw.). Bei Favoriten wie dem bevorzugten Shampoo oder der Lieblingscreme schwören wir auf die Zweierregel: eins zum Benutzen, eins auf Vorrat (und den Vorrat möglichst nicht im Bad lagern).

5 Parfüm, das Sie nicht mögen

6 Rostige Einwegrasierer (besser ist ein Rasierer mit auswechselbaren Klingen)

7 Zäher Nagellack, stumpfe Nagelfeilen, Seifenreste und andere unbrauchbare Dinge

Und weil wir schon dabei sind: Wie viele Handtücher brauchen Sie wirklich?

Wir kennen Haushalte, in denen es pro Bewohner nur ein Duschtuch gibt (plus eins für Gäste), außerdem zwei Händehandtücher (eins hängt im Bad, ein zweites zum Wechseln). Das leuchtet bei Platzmangel ein, aber üblicher sind doch mindestens zwei Duschtücher und Handtücher pro Person sowie eine Menge Waschlappen.

Schöne Behälter fürs Badezimmer

Schauen Sie sich in der ganzen Wohnung nach attraktiven Behältnissen um, die sich im Bad nützlich machen könnten. Weitere Ideen finden Sie auf den folgenden Seiten.

1 In Schubladen herrscht leicht ein unübersichtliches Chaos. Gerade kleine Dinge sind in Kästen oder auf Tabletts besser aufgehoben. Unsere viereckigen Schalen stammen aus dem Fachhandel für Künstlerbedarf (eigentlich zum Mischen von Farben). Schubladen nicht zu voll packen – so sehen Sie besser, was Sie haben.

2 Manche Dinge sind unverzichtbar, aber sie sehen nicht sonderlich schön aus. Was sich nicht umfüllen lässt, kann man geschickt tarnen. Ein Päckchen Schmerztabletten passt zum Beispiel prima in eine Keramikdose mit Deckel.

3 Nutzen Sie Behälter für neue Zwecke. Ein Körbchen ist groß genug für Rasierer und Kabel, und die Brille kann auch in einem Trinkglas stehen.

4 In einer schlanken Keramikvase steht die Zahncreme aufrecht, Zahnbürsten stecken in einem Porzellanbecher, und ein kleines Glas (siehe »Unsere Top 75«, Seite 181) ist gerade richtig für die Zahnseide.

1

2

3

4

Lösungen aus der Küche taugen auch fürs Bad …

Attraktive, zweckmäßige Aufbewahrungslösungen kann man überall in der Wohnung gebrauchen. Viele lassen sich gut zweckentfremden.

- Vorratsbehälter aus Glas oder Emaille (mit Deckel) für Badezimmer-Utensilien
- Kleine Metalltabletts schaffen Ordnung in Schubladen und auf Abstellflächen
- Trinkgläser für Brille, Zahncreme oder Schminkpinsel
- Drehbare Servierplatte für einen tiefen Schrank unter dem Waschbecken

… und umgekehrt

- An der Wand montierte Seifenschale für Spülbürste und Schwamm
- Handtuchstange für Geschirrtücher
- Medizinschrank für Kräuter und Gewürze
- Seife am Band zum Händewaschen

1

2

3

4

Die Senkrechte nutzen

Selbst in einem kleinen Bad lässt sich Platz für Dusch-Utensilien, Reservehandtücher, Schmuck und mehr schaffen: Man braucht die Dinge nur aufzuhängen.

1 Handtuchstange nur für Handtücher? Nein – mit S-Haken lässt sich daran viel mehr aufhängen.

2 Kein Platz für Reservehandtücher? Einfach aufrollen, in eine geräumige Tasche stecken und neben dem Waschbecken aufhängen.

3 An einem kleinen Bügel aus der Küche kann auch ein Händehandtuch hängen.

4 Mit S-Haken können am Duschregal Waschlappen oder Seife am Band aufgehängt werden. (Sie ist wieder im Kommen, denn sie trocknet an der Luft und hinterlässt keine glitschigen Spuren.)

Nötig, aber hässlich

Selbst Requisiten, die man nicht unbedingt vorzeigen möchte, lassen sich ansehnlich aufbewahren, und zwar mit einfachsten Mitteln.

Wohin mit dem Reserve-Toilettenpapier?

Eine aufgerissene Plastikverpackung sollten Sie nicht offen ins Bad stellen. Verstauen Sie lieber eine oder zwei Rollen (ohne Plastikverpackung!) in einem attraktiven Behältnis, beispielsweise einem kleinen Korb (oben links) oder einem Brotkasten aus Blech (oben rechts).

Wohin mit der Toilettenbürste?

Sogar die Toilettenbürste kann Stil haben! Dieses Exemplar ganz ohne Plastik, dafür mit Stiel aus Birkenholz und Borsten, die sich leicht reinigen lassen, stammt von Iris Hantverk (erhältlich u. a. über Amazon). Stellen Sie die Bürste in einen interessanten Behälter, vielleicht einen Terrakotta-Blumentopf mit praktischem Abzugsloch und Untersetzer (oben links) oder einen Emaillekrug von Ikea auf einem Tablett von Fog Linen (oben rechts).

Wohin mit dem Föhn?

Den Föhn möchte man schnell zur Hand haben, aber nicht unbedingt immer sehen. Gute Ideen lassen sich in Hotels finden.

In einer Schublade

Bauen Sie in die Rückwand der Schublade eine Steckdose ein, dann kann der Föhn immer eingesteckt bleiben. Nach Gebrauch wird er auf einem Tablett abgelegt. (Eine Steckdose im Spiegelschrank ist ähnlich praktisch für die elektrische Zahnbürste.)

An der Schranktür

Ein Föhnhalter an der Innenseite einer Schranktür ist eine gute Platzsparlösung. Dieses Modell aus Metall stammt von Yamazaki.

Im Segeltuch-Eimer

In einem kleinen Eimer aus Segeltuch verschwindet der Föhn samt Kabel. Ein Platz zum Aufhängen lässt sich bestimmt finden.

Im Einkaufsnetz

Natürlich können Sie auch eine andere Einkaufstasche verwenden. Wir haben eine Schwäche für französische Korbtaschen.

GUT ZU HABEN

Offene Aufbewahrung

Traditionelle Badezimmermöbel sind nicht die einzige Möglichkeit. Es gibt auch andere praktische Aufbewahrungslösungen, die originell aussehen und wenig Platz einnehmen.

1 Zu wenige Schränke und Schubladen? Dann schafft ein Rollwagen Abhilfe, zum Beispiel das Modell Raskog von Ikea. Größere Flaschen stehen in einem Werkzeugkasten auf der oberen Ebene, kleinere Utensilien sind in Reißverschlusstaschen einsortiert.

2 Ein Garderobenständer aus Holz braucht nur eine kleine Ecke. Sie können daran Handtücher und Bademäntel aufhängen, aber auch Körbe und Taschen für Föhn und andere Utensilien.

1

EXPERTEN-TIPPS

Von Hoteliers lernen

Bäder in Hotels sind meist recht klein, aber dennoch mit allem Wichtigen ausgestattet und dabei übersichtlich und ansprechend eingerichtet. Gerade für Notwendiges wie die Box mit Kosmetiktüchern und den Föhn kann man dort oft pfiffige Lösungen finden. **Ray Perkle**, Mitinhaber der Rivertown Lodge in Hudson (New York) verrät einige Tricks.

1 **Möglichst viele Wandhaken.** Sie brauchen mindestens zwei Handtuchhaken bei der Dusche, einen stabilen (für Bademäntel) an der Innenseite der Tür, außerdem einen neben dem Waschbecken zum Aufhängen von Föhn, Schminktasche oder Kulturbeutel. Besonders unauffällig sind Haken, wenn sie die gleiche Farbe haben wie die Wand (auch die Schraubenköpfe anmalen!).

2 **Alles, was man sieht oder berührt, sollte angenehm sein.** Darum sollte die Funktion nicht das einzige Auswahlkriterium sein. Aussehen und Langlebigkeit sind ebenso wichtig. Tauschen Sie den billigen Plastik-Toilettensitz durch ein hochwertiges Modell aus, bringen Sie einen Vergrößerungsspiegel an, leisten Sie sich eine gute Toilettenbürste, einen schönen Abfalleimer und einen Lichtschalter aus Metall statt aus Kunststoff.

3 **Unansehnliches verstecken.** Papiertücher können in einer hübschen Schachtel aufbewahrt werden, Reserve-Toilettenpapier in einem Korb, der Föhn in einem Leinenbeutel an einem Türhaken oder in einem Waschhandschuh auf einem Tablett. Selbst einfache Lösungen können viel ausmachen.

4 **An der Wand montierte Spender für Shampoo und Duschgel** sind praktisch in der Dusche, und es stehen weniger Flaschen und Tuben herum.

5 **Einheitliche Accessoires.** Hotelbäder wirken entspannend, weil sie übersichtlich und aufgeräumt erscheinen. Dasselbe gelingt im eigenen Bad, wenn Sie unterschiedliche Behälter durch einheitliche ersetzen.

Der Kleider

schrank

Bei Remodelista hört gutes Design nicht an der Schranktür auf – wir schauen auch hinein. Unabhängig von der Schrankgröße schwören wir auf eine eher kleine Kollektion von Outfits, die sich für viele Gelegenheiten eignen. Wer sich auf Lieblingsstücke beschränkt, hat mehr Übersicht und beim Anziehen selten Entscheidungsnöte. Dinge, die wir ein Jahr lang nicht getragen haben, lagern wir ein oder geben sie weg. Uns ist es wichtig, unsere Habseligkeiten sorgfältig zu behandeln (siehe Seite 107). Selbstverständlich haben auch wir unsere Schwierigkeiten. Hier verraten wir, wie wir sie bewältigen.

ZUM NACHMACHEN

Ordnung im Ankleidezimmer

In dieses Ankleidezimmer mit deckenhohen Einbauten passt die gesamte Garderobe. Segeltuchtaschen, Drahtkörbe, Pappkartons und Metallgestelle helfen, den Stauraum gut auszunutzen und alles übersichtlich anzuordnen. Viele Ordnungshelfer stammen vom Container Store und von Ikea und sind eigentlich für Büro oder Küche gedacht (siehe auch »Unsere Top 75« ab Seite 162). So funktioniert es:

1 **Körbe und Kästen vermeiden Chaos** auf den offenen Regalen, weil sie klare Aufbewahrungszonen definieren.

2 **Mehr als sechs Jeans, Pullover oder T-Shirts werden nicht gestapelt** – höhere Stapel kippen um. (Das haben wir von der Ladenbesitzerin Eva Dayton gelernt. Mehr Tipps von ihr auf Seite 121.)

3 **Ordnungshelfer aus Büro und Küche** sind auch praktisch für Handtaschen. Links ein Schreibtischbutler, rechts ein Topfdeckelhalter.

4 **Schlüsselanhänger aus Papier mit Metallrand** hängen an undurchsichtigen Behältnissen und machen das Sortieren leicht.

5 **Hosen und Oberteile sind gleichmäßig gefaltet** und nach Art und Farbe geordnet.

6 **Schubladen mit Glasfront** sind ungemein praktisch. Sie schützen Schuhe und sorgen trotzdem dafür, dass man den Überblick behält.

7 **Ein einfacher Küchenhocker aus Metall** dient als Sitz beim Anziehen der Schuhe, als Ablage oder als Tritt, um hohe Fächer zu erreichen.

1
2
3
4
5
6
7

Geheimrezept für einen aufgeräumten Kleiderschrank

Wir haben festgestellt, dass sich ein Kleiderschrank am einfachsten aufräumen lässt, indem man ihn komplett ausräumt und nur das Beste wieder einräumt. Türmen Sie alles auf das Bett und saugen Sie den Schrank zuerst gründlich aus. Stellen Sie sich beim Sortieren die Frage »Werde ich es vermissen?«. Alles, was ein klares Nein bekommt, geben Sie sofort weg. Dinge, bei denen Sie sich nicht sicher sind, verstauen Sie in einem Karton, den Sie nach einem Monat noch einmal durchsehen. Manche werden Sie bis dahin schon vergessen haben. Packen Sie auch Teile, die nicht passen oder repariert werden müssen, in diese Fragezeichenkiste. Was nach drei Monaten noch nicht passt oder noch immer kaputt ist, kann weg. Die folgenden Regeln helfen Ihnen beim Einräumen.

1 **Gleiche Kleiderbügel verwenden.** So passt mehr in den Schrank, und es sieht ordentlich aus.

2 **Kleiderbügel aus Holz.** Das Naturmaterial ist umweltfreundlich, robust und attraktiv. Ringe aus Zedernholz, über die Haken geschoben, halten Motten fern.

3 **Kleidung nach Art, Farbe und Länge sortieren.** So haben Sie schneller den Überblick und finden das Gesuchte auf Anhieb.

4 **Nur Kleidung für die jeweilige Saison in den Schrank hängen** – und täglich benutzte in die Mitte. Alles andere in einem anderen Schrank, in Segeltuchboxen oder auf einem Kleiderständer unterbringen (siehe Seite 115).

5 **Bügel nicht zu eng zusammendrängen.** Damit die Kleidung atmen kann und nicht zerdrückt, muss sie frei hängen. Drei Finger breit sollten die Abstände sein.

6 **Platz für leere Bügel schaffen.** Wenn Sie etwas herausnehmen, hängen Sie den Bügel an den vorgesehenen Platz. So finden Sie sofort einen freien Bügel, wenn Sie ihn brauchen.

Kein Kleiderschrank? Stauraum auf drei Ebenen

Auch in winzigen Schlafzimmern lässt sich fast immer ungenutzter Platz finden. Schauen Sie nach oben und unten (und dazwischen), und setzen Sie auf pfiffige Schubladen, Haken oder Leisten. Auch so können Sie Kleidung aufbewahren, ohne dass das Zimmer unaufgeräumt wirkt.

Oben: Montieren Sie an den Wänden schlichte Hakenleisten im Stil der Shaker (weitere clevere Ideen der Shaker auf Seite 33). Im Schlafzimmer gegenüber wurden sie 1,75 m über dem Boden an die Wände geschraubt und zum Aufhängen von Kleidung, Taschen und Schmuck verwendet.

Mitte: Was an der Wand hängt, nimmt keine Bodenfläche ein. Diese Konsolen von CB2 haben eine Klappe, hinter der allerlei Kleinkram verschwindet.

Unten: Der Platz unter dem Bett ist oft ungenutzt. Das Holzbett von dem umweltbewussten Möbelunternehmen Urban Green aus Brooklyn ist mit geräumigen Schubladen ausgestattet. Unter dem Kopfende verschwinden Hausschuhe und Schlafanzüge, auf der Seite mit viel Bodenfläche sind Handtücher und Bettwäsche untergebracht, und auf der anderen Seite Schuhe (weitere Betten mit integriertem Stauraum auf Seite 201).

WASH & STAIN
BAR

MEHR ALS CLEVER

Kleidungspflege: Basics

Wir kaufen vorzugsweise Kleidung, die lange hält, und es entspricht unserem Ethos, diese gut zu pflegen. Darum empfehlen wir, außer einem Bügeleisen ein kleines Sortiment von praktischen Hilfsmitteln zur Kleiderpflege anzuschaffen, beispielsweise gute Fusselbürsten. Regelmäßiges Ausbürsten und Lüften ist für Kleidung und Umwelt viel schonender als häufiges chemisches Reinigen. Sinnvoll ist außerdem Nähzeug zum Flicken von Löchern und Annähen von Knöpfen. Motten rücken Sie mit Zedernholz auf den Leib, das es in verschiedenen Formen gibt.

Das Wichtigste

- Fusselbürste
- Kleiderbürste
- Nähzeug (Stecknadeln, Nähnadeln, Garn, Knöpfe, Druckknöpfe, Maßband)
- Klötze oder Ringe aus Zedernholz, Beutel mit Zedernholzspänen
- Bügeleisen
- Bügelbrett (in einem Schrank oder zum Ausklappen an einer Wand oder Tür)

Auch praktisch

- Sprühflasche mit Bügelwasser (mit Lavendelduft)
- Natur-Bimsstein zum Entfernen von Faserknötchen auf Strick
- Fleckentferner (zum Beispiel Naturprodukt von The Laundress)

Wohin mit den Schuhen?

Um ein großes Durcheinander auf dem Schrankboden zu vermeiden, brauchen Sie ein System. Wir empfehlen, Schuhe auf Regalen oder in Schubladen zu verstauen. So nehmen sie weniger Platz ein als in Schuhkartons, und man findet das gesuchte Paar schnell. Preiswerte Regale gibt es bei Ikea, Container Store und vielen anderen Anbietern.

1 Schuhregale zum Aufhängen nutzen schmale Nischen gut aus. Sie sehen ordentlicher aus als Utensilos mit Taschen, die man an eine Tür hängt.

2 Unter kürzeren Kleidungsstücken kann im Schrank ein Rollwagen (hier Elfa von Container Store) stehen. Er ist eigentlich für die Küche gedacht, aber die Schubladen in verschiedenen Höhen eignen sich auch für Schuhe aller Art, von flachen Sandalen bis zu Stiefeln.

3 Schubladen unter dem Bett werden oft für Decken oder Kleidung genutzt, aber sie schlucken auch viele Paar Schuhe. Stellt man die Paare jeweils Spitze an Ferse, nehmen sie noch weniger Platz ein.

1

2

3

TGC031
shoe grease
with
wool wax

Mehr als clever

Schuhpflege: Basics

Noch vor 50 Jahren war es selbstverständlich, die Schuhe zu putzen. Diese Gewohnheit sollten Sie wiederbeleben. Mit dem richtigen Zubehör – in einer Schublade oder einem Kasten – lässt sich die Lebensdauer guter Schuhe verlängern. Glänzend geputzte Schuhe sehen einfach gut aus, und die Arbeit kann richtig Spaß machen. Wenn Leder nicht gepflegt wird, kann es spröde und rissig werden. Bei richtiger Pflege ist es nahezu wasserdicht, aber atmungsaktiv und lässt Schweiß verdunsten. Darum sind Lederschuhe so angenehm zu tragen. Die Schuhe verraten eine Menge über ihren Träger!

Das Wichtigste

- Sattelseife (zum Reinigen von Leder)
- Leder-Pflegecreme
- Schuhcreme: farblos, schwarz und braun (uns gefallen die Naturprodukte von Tangent GC aus Schweden)
- Lederfett (Nässeschutz)
- Schuhbürste mit weichen Naturborsten (zum Auftragen von Sattelseife)
- Schuhbürste mit harten Naturborsten (zum Entfernen von grobem Schmutz und zum Polieren)
- Baumwolllappen (z. B. von einem alten T-Shirt, zum Säubern)
- Lappen zum Polieren
- Schuhanzieher

Auch praktisch

- Schuhputzkasten aus Zedernholz mit Fläche zum Abstellen des Fußes
- Schuhspanner aus Holz (halten Schuhe in Form und nehmen Feuchtigkeit auf)

Aus Küche und Büro in den Kleiderschrank

Clevere Ordnungshelfer sorgen für Übersicht im Kleiderschrank – auch wenn sie eigentlich für einen ganz anderen Zweck konzipiert wurden.

Schreibtisch-Butler

So ein Metallständer für Briefe und andere Unterlagen ist auch praktisch, um mehrere Handtaschen geordnet aufzubewahren (siehe »Unsere Top 75«, Seite 176).

Topfdeckelhalter

Verstellbare Halter für Topfdeckel kosten nicht viel, und ihre Fächer sind genau richtig für kleinere Taschen, Portemonnaies und Clutches (z. B. bei Ikea oder Amazon).

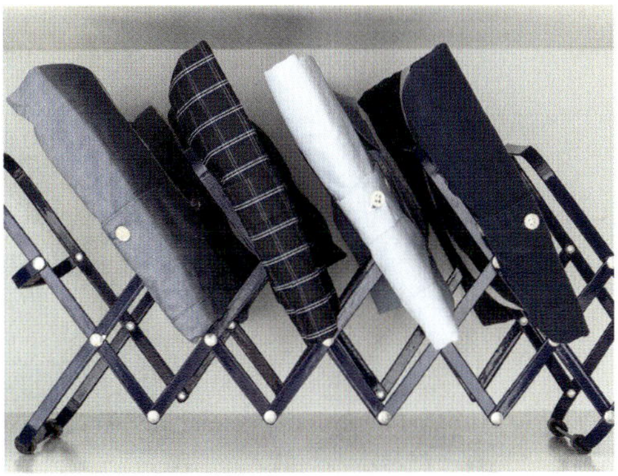

Formularhalter

Dieser Formularhalter lässt sich wegen seiner Scherengelenke genau auf die Größe der Schreibtischschublade einstellen. Im Kleiderschrank hütet er zusammengefaltete Hemden. Dieses Modell ist dem Klassiker Flex-i-File von 1941 nachempfunden (siehe »Unsere Top 75«, Seite 176).

Werkzeugwand

Solche Wände mit verstellbaren Stiften eignen sich, um vielen kleinen Dingen ein Zuhause zu geben. Sie brauchen nur eine freie Wandfläche, eine passende Platte (diese ist von Block, eine andere ist auf Seite 125 zu sehen) und einen Haken.

GUT ZU HABEN

Ständer für Saisonkleidung

Wer wenig Schränke hat, aber einen Abstellraum besitzt, kann dort einen Ständer für Kleidung unterbringen, die gerade nicht Saison hat. (Dies ist das Modell Toj aus Eschenholz und Stahl von Normann Copenhagen.)

Hüllen aus Baumwolle (nicht aus Plastik) schützen die Kleidung vor Staub und Licht, lassen aber genug Luft zirkulieren. The Butler's Closet stellt Hüllen ohne Chemikalien her, welche sogar die Museumsstandards zur Verhüllung von Kunstobjekten erfüllen. Es gibt aber auch preiswertere Hüllen in vielen Ausführungen. Mützen, Handschuhe, Stiefel und vieles mehr kann in Drahtkörben verstaut werden. Das Hängeregal bietet Platz für dicke Pullover, Schuhe in Flanellbeuteln, Stiefel, Accessoires und alles, was sonst noch einen Platz braucht.

Die Grundausstattung für Reiselustige

Wer in letzter Minute packt, fürchtet oft, etwas Wichtiges vergessen zu haben. Das lässt sich leicht vermeiden, wenn alle Reiseutensilien zusammen aufbewahrt werden. Das gilt für Unverzichtbares wie den Pass ebenso wie für Kleinigkeiten, die das Reisen angenehmer machen.

Das Wichtigste

- Pass
- Reißverschlussbeutel mit Reisezahncreme und -bürste
- Portemonnaie für Fremdwährungen, Tickets und Quittungen
- Ausländisches Geld (von früheren Reisen)
- Adapter für ausländische Steckdosen
- Faltbare Einkaufstasche

Auch praktisch

- Flugzeug-Set mit Mittel gegen Reisekrankheit, Schlafmaske, Ohrstöpseln und Socken
- Melatonin (gegen Jetlag, wenn man daran glaubt) in einem attraktiven Behälter
- Mini-Klappschirm
- Kosmetika in Reisegrößen
- Reise-Nähzeug
- 100-Dollar-Note (empfohlen von unserem Fotografen Matthew Williams: »Damit lässt sich auf Reisen fast jedes Problem lösen.«)

MARVIS
PASSPORT
VE BANK
ONE HUNDRED RAND
100
Kiehl's LIP BALM #1
0.5 fl. oz. - 15 ml
SANTAL 33
90ml 3 FL. OZ.
shower gel/
gel douche
Fresh: 12 months after opening
LE LABO
Aēsop.
Ginger Flight Therapy
Roll au Gingembre pour Voyager
SANTAL 33
90ml 3 FL. OZ.
conditioner/
apres shampooing
LE LABO
DELFONICS
MELATONIN

GUT ZU HABEN

Koffer im Koffer

Reisekoffer nehmen viel Platz ein. Man kann sich aber zunutze machen, dass sie hohl sind. Viele Hersteller bieten Hartschalenkoffer und weiche Modelle in verschiedenen Größen an, die zur Lagerung ineinander gepackt werden können (hier Victorinox). Wer häufiger mit viel Gepäck auf Reisen geht, ist mit so einem Set gut beraten. Im kleinsten Koffer ganz innen können Beutel für Schuhe, Reißverschlussbeutel und Körperpflegeprodukte in Reisegrößen aufbewahrt werden. Wenn dann auch noch die Grundausstattung griffbereit ist, macht das Packen keine große Mühe mehr.

EXPERTEN-TIPPS

Von Boutiquen lernen

In Boutiquen wird Kleidung so präsentiert, dass sie ansprechend auf die Kunden wirkt. Warum nicht auch im eigenen Schrank? Die Stylistin **Eva Dayton,** Inhaberin der Boutique Consignment Brooklyn, hat für uns sieben gute Tipps für Aufbewahrung und Präsentation zusammengestellt.

1 **Toten Raum nutzen.** Über und unter kleineren Schränken ist oft genug Platz, um Haken, Regalböden oder Kleinfachregale unterzubringen. Montieren Sie an den Innenseiten von Schranktüren Stangen für Tücher oder Gürtel (aus Rundhölzern aus dem Baumarkt).

2 **Stabile Kleiderbügel** – Ihre Kleidung wird es danken. »Hochwertige Bügel mit abgerundeten Ecken schonen die Kleidung und halten sie in Form«, sagt Dayton, die selbst ausschließlich weiße Holzkleiderbügel benutzt.

3 **T-Shirts mit dem Etikett nach vorn stapeln.** »So hat man den Überblick und findet schnell, was man sucht.« Dayton empfiehlt, sie traditionell zu falten: Schultern nach innen, dann den Saum nach oben.

4 **Pullover mit dem Etikett nach hinten stapeln.** Strickwaren sind leichter zu unterscheiden als T-Shirts.

5 **Nicht zu hoch stapeln.** Sechs, maximal sieben Teile sind genug, höhere Stapel kippen leicht um.

6 **Outfits zusammen aufhängen.** »Damit wird das Anziehen supereinfach«, meint Dayton.

7 **Platz für Extras.** Reservieren Sie ein kleines Fach für Lieblingsschmuck, täglich benutztes Parfüm und ruhig auch kleine Erinnerungsstücke. So ein hübscher Anblick hebt die Stimmung.

Der Arbeits

platz

Im Zeitalter des Laptops ist ein Schreibtisch schon fast ein Luxus geworden. Wer einen hat, sollte ihn möglichst vielseitig nutzen. Hier ist Ordnung besonders wichtig, denn ein aufgeräumter Schreibtisch verhilft zu geordneten Gedanken. Sie haben keinen Platz für einen Arbeitsplatz? Bitte lesen Sie weiter. Wir möchten Sie vom Gegenteil überzeugen.

ZUM NACHMACHEN

Homeoffice: klein und clever

Ein zierlicher Schreibtisch von Ikea und eine Lochplatte an der Wand: das genügt für diesen aufgeräumten Arbeitsplatz. So funktioniert er:

1 **Die Lochplatte von Kreisdesign** hat mehrere verstellbare Ablagen.

2 **Blumen in einer Mini-Vase** von Heath Ceramics – ganz wichtig, damit der Platz nicht zu nüchtern wirkt.

3 **Boxen aus lackiertem Metall** für wichtige Unterlagen (siehe »Unsere Top 75«, Seite 167).

4 **Der Schreibtisch Alex von Ikea** hat eine eingebaute Kabelführung (genauer zu sehen auf Seite 133).

5 **Eames meets Ikea.** Der Aluminum Group Management Chair ist nicht gerade billig, aber sagenhaft bequem. Die Investition lohnt sich.

6 **Keramikvase für Stifte.** Sämtliche Accessoires an diesem Arbeitsplatz bestehen aus robusten und attraktiven Naturmaterialien.

7 **Eine Schubladen-Unterteilung** für die Küche schafft auch in der Schreibtischschublade Ordnung und Übersicht.

8 **Eine Papiertonne von Uashmama** für das Altpapier (siehe »Unsere Top 75«, Seite 167)

1
2
3
4
6
7
8

5
3
2
1
4
STEELE

Zum Nachmachen

Schreibtisch auf Abruf

Für kleine Räume ist eine Tischplatte zum Hochklappen sehr praktisch. So funktioniert dieses Modell:

1 **Regal wird Tisch.** Norberg heißt das Modell von Ikea, das an die Wand geschraubt wird. Mit hochgeklappter Platte dient es als Schreibtisch. Mit heruntergeklappter Platte ist es nicht breiter als ein Regal.

2 **Die Tischplatte ist groß** genug für einen Laptop – und sie taugt auch als Esstisch für zwei Personen.

3 **Schreibutensilien** stehen auf dem Regal und können dort auch bleiben, wenn die Platte heruntergeklappt wird.

4 **Ein zierlicher, weiß lackierter Metallhocker** im Industriestil passt gut zu dem Klapptisch.

5 **Eine Klemmleuchte (BTC Hector)** ist an einer Metallleiter von Bed Bath & Beyond befestigt. Eigentlich ist sie fürs Bad konzipiert, aber man kann auf ihr auch Zeitschriften oder Jacken aufhängen.

Fünf Dinge, die vom Arbeitsplatz verschwinden

1 Überflüssige Unterlagen …

2 … und gleich danach die nun leeren Ordner und Aktenschränke

3 Überflüssiges Computerzubehör, herrenlose Kabel und andere digitale Überbleibsel

4 Überzählige Stifte, Scheren und andere Utensilien

5 Ein Terminkalender. Setzen Sie lieber auf digitale Kalender und To-do-Listen. Man hat sie immer griffbereit, auch unterwegs, und die Erinnerungsfunktion ist hilfreich, um Dinge zu erledigen.

Tipps zum Loswerden überflüssiger Dinge finden Sie auf Seite 194–198.

Papier ist passé. Beschränken Sie sich auf das Nötigste in wenigen Hängemappen.

Sie brauchen aber mindestens einen Ordner oder Kasten für Dokumente mit rechtlicher Tragweite (Mietvertrag oder Hypothek, Steuerunterlagen, Testament), die separat in beschrifteten Einhängemappen abgelegt werden. Alles andere kann digitalisiert und auf Datenträger gespeichert werden. Papier, das ins Haus flattert, nicht auf dem Schreibtisch stapeln. Mitteilungen der Schule können an die Pinnwand gehängt werden, und Erinnerungsstücke wie alte Briefe und Fotos in beschrifteten Boxen ganz oben im Regal gelagert werden.

HOME
WORK

Arbeiten ohne Arbeitsplatz

Selbst wer keinen Schreibtisch hat, kann zu Hause oder unterwegs arbeiten.

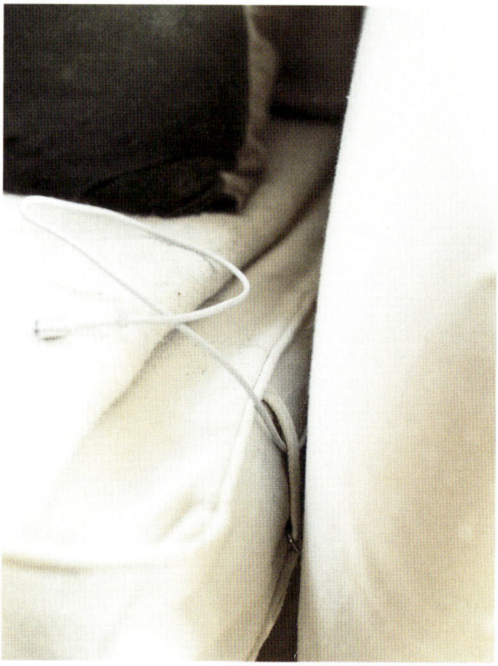

Sie arbeiten auf dem Sofa?

Reduzieren Sie hässliches Kabelgewirr, indem Sie das Sofa zur Ladestation machen. Kabel und Ladegeräte können unter den Polstern verschwinden (Sie könnten sogar Löcher ins Holzgestell bohren), und unter dem Sofa wird diskret eine Steckdosenleiste versteckt.

Sie arbeiten im Café?

Dann kann eine geräumige Tasche zum mobilen Arbeitsplatz werden. Kleinere Beutel mit Reißverschlüssen dienen als »Schubladen« für Laptop, Notizbuch, Ladegerät, Stifte und mehr: übersichtlich verstaut und leicht zu finden.

Schluss mit dem Kabelsalat

Ohne Kabel geht es nicht, aber unansehnliches Gewirr lässt sich leicht vermeiden.

Einsperren

Kabel, die sich auf dem Boden ringeln, können in einer Box verschwinden. Kvissle von Ikea wurde eigens für diesen Zweck entwickelt. Sie können aber auch einen anderen Kasten oder einen Schuhkarton verwenden und Löcher für die Kabel hineinschneiden.

Bändigen

Auf der Arbeitsfläche sind Kabel besonders störend. Rollen Sie zu lange Ladekabel auf und halten Sie sie mit einer Metallklammer oder einem Lederstreifen mit Druckknopf zusammen.

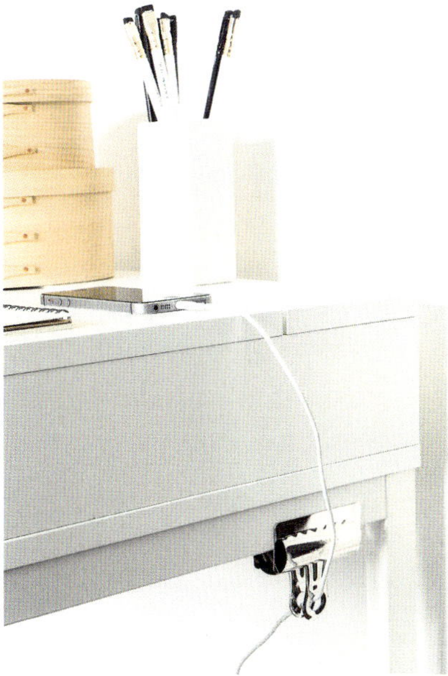

Lenken

Eine Metallklammer an der hinteren Schreibtischkante führt das Kabel auf direktem Weg zur Steckdose.

Clevere Möbel

Viele Schreibtische verfügen inzwischen über einen Kabelkanal, so auch das Modell Alex von Ikea (siehe auch Seite 125).

Diskret fernsehen

Der Fernseher selbst muss sichtbar sein, aber das übrige Zubehör darf gern versteckt werden. Hier sehen Sie zwei Ideen für den Bildschirm und eine praktische Tasche für die Fernbedienungen.

Eingebaut

Designerin Michaela Scherrer hat in der Leichtbauwand über dem Kamin eine maßgeschneiderte Nische für den Fernseher geschaffen. Der Kasten mit den Kabeln steht unter einem Stapel Zeitschriften.

Im Schrank

Befindet sich in der Nähe des Fernsehers ein Schrank oder Regal, können Receiver und anderes Zubehör dort versteckt werden. Ein Kabelkanal hält alle Leitungen zusammen und führt sie unauffällig vom Bildschirm zum Schrank.

Fernbedienungen

Fernbedienungen liegen meistens offen herum, wenn man sie nicht braucht (zum Beispiel, wenn Gäste kommen), aber wenn sie benötigt werden, sind sie nicht zu finden. Das lässt sich ändern, indem man ihnen einen festen, aber leicht erreichbaren Platz gibt. Wir haben einfach einen Wäscheklammerbeutel aus Baumwolle mit einem Metallclip an der Armlehne des Sofas befestigt, alle Fernbedienungen hineingesteckt und eine Wolldecke darüber gehängt.

MEHR ALS CLEVER

Die Post-Schublade

Zeigen Sie gute Manieren! Wenn alles Zubehör griffbereit liegt, ist es viel einfacher, eine Geburtstagskarte, ein Dankeschön nach einer Einladung oder einen Brief an eine Freundin zu schreiben.

Das Wichtigste

- Karten
- Umschläge
- Stifte
- Briefmarken
- Tabletts oder Glasbehälter für Kleinkram (siehe »Unsere Top 75«, Seite 181 und 187)

Auch praktisch

- Stempel mit Ihrer Adresse (für den Absender)
- Brieföffner
- Füllfederhalter und Tinte
- Siegellack und Streichhölzer
- Schere
- Büroklammern und Aktenklammern

EXPERTEN-TIPPS

Von Stylisten lernen

Begutachten Sie einmal alles, was offen herumliegt, als ob Sie durch ein Kameraobjektiv schauen. Konkurrieren Dekorationen um Aufmerksamkeit? Gehen Lieblingsstücke in der Masse unter? Es geht nicht darum, alle Flächen leer zu räumen, sondern darum, sie durchdacht zu dekorieren. Die Stylistin **Ayesha Patel** hat jahrelang für *Martha Stewart Livin* gearbeitet. Hier verrät sie fünf Berufsgeheimnisse.

1 **Ordnung durch Wegnehmen.** Stylisten beginnen oft damit, alle kleinen Gegenstände aus einem Raum zu entfernen. So wird der Raum zur »weißen Leinwand« und lässt sich besser beurteilen. Dann werden Objekte – eins nach dem anderen – wieder hinzugefügt.

2 **Mit Proportionen spielen.** Gelungene Arrangements sorgen dafür, dass der Blick von einem Objekt zum anderen wandert. Das gelingt durch eine systematische Anordnung, beispielsweise als Kreis oder Dreieck.

3 **Wenn ein Raum zu nüchtern wirkt, helfen Topfpflanzen oder ein Blumenstrauß.** Ein bisschen Natur genügt, um Räume lebendig zu machen.

4 **Visuelle Ruhe durch Farbe.** Zu viele Farben wirken unruhig, Ton in Ton gehaltene Räume strahlen Ruhe aus. Das gilt vor allem für Weiß. Es erfordert Disziplin, Räume ganz in Weiß einzurichten, aber sie wirken dadurch automatisch reduzierter, klarer und frischer.

5 **Tabletts schaffen Übersicht.** Tabletts sehen elegant aus und geben mehreren Dingen einen gemeinsamen Rahmen. Patel bewahrt ihre Büroutensilien auf einem großen Tablett auf dem Esstisch auf. »Ein schöner Stein beschwert Quittungen, und daneben stehen kleinere Tabletts und Schalen mit Schere, Brieföffner, Tacker und Büroklammern. Das sieht gut aus, und wenn Gäste kommen, kann ich alles mit einem Griff zur Seite räumen.«

Der Haus wirtscha

ftsraum

Ein sauberer, aufgeräumter Raum für Waschmaschine, Trockner und Putzutensilien ist gut zu haben. Am besten schaffen Sie ringsherum ausreichend gut durchdachten Stauraum, damit alle Arbeiten leicht und reibungslos von der Hand gehen. Staubsauger und Besen werden häufiger zum Einsatz kommen, wenn sie sich ohne große Mühe aus ihrem Versteck holen lassen. Viel mehr als eine Wand oder Tür brauchen Sie dafür nicht. Kaum vorstellbar? Bitte lesen Sie weiter!

6
1
2
3
4
Miele
Miele
1900
MARIUS FABRE
EN PROVENCE

ZUM NACHMACHEN

Der Wasch-Trocken-Putzschrank

Diese kompakte Lösung mit Regalen und Schubladen aus Birkensperrholz hat die Architektin **Solveig Fernlund** entworfen. Auf einer Fläche von 2,4 x 1,5 Metern sind neben Waschmaschine, Trockner und Utensilien zum Bügeln auch sämtliche Putzutensilien und sogar Router & Co. untergebracht. All das verschwindet hinter schlichten Türen. So funktioniert es:

1 **Flüssigwaschmittel** wird in einen Edelstahlbehälter mit Zapfhahn umgefüllt, der eigentlich für die Küche gedacht ist (Details siehe Seite 144).

2 Putzmittel stehen in einem **Zinkeimer,** der zum Saubermachen überallhin mitgenommen werden kann.

3 **Langlebige Naturmaterialien** sehen gut aus und sind angenehm zu benutzen. Ob Bürsten mit Holzgriffen oder Trocknerkugeln aus Wolle: Auf Plastik wird weitgehend verzichtet.

4 **Zubehör für die Wäsche** ist gemäß des Verwendungszwecks auf Regalen und in Schubladen sortiert.

5 **Große Türen** lassen Geräte und Zubehör jederzeit verschwinden.

6 **Zusätzlicher Stauraum:** Auf dem obersten, schwer erreichbaren Regal sind Router und anderes Medienzubehör untergebracht.

Frisch gezapft

Fusto nennt man in Italien so einen traditionellen Zapfbehälter für Olivenöl, Essig oder Wein. Hier wird er für Waschmittel zweckentfremdet. Der Emaillemessbecher ist mit einem S-Haken am Zapfhahn aufgehängt, und seine Lederschnur reicht bequem bis zur Waschmaschine.

Wäsche trocknen, aber wo?

Wäsche sollte möglichst an der Luft trocknen. Das schont die Umwelt, spart Strom und entlastet so das Portemonnaie. Außerdem danken es die Textilien, wenn sie möglichst selten der Hitze und Bewegung im Trockner ausgesetzt werden.

1 Das schlichte Trockengestell aus Holz von Rejuvenation lässt sich flach zusammenklappen, wenn es nicht benutzt wird.

2 Amanda Pays, ehemalige Schauspielerin und jetzt Interior Designerin, hat in ihrem Hauswirtschaftsraum in Los Angeles ein Trockengestell unter die Decke gehängt. Es nimmt keine Bodenfläche ein und wird zum Aufhängen und Abnehmen der Wäsche an Seilzügen heruntergelassen (siehe auch Seite 203.)

1

2

1

GUT ZU HABEN

Waschmaschine gut versteckt

Wer keinen Hauswirtschaftsraum hat, kann die Waschmaschine auch im Flur oder in der Küche unterbringen.

1 In dieser dezent rustikalen Küche wurde die Waschmaschine auf einem kleinen Sockel in einem Unterschrank mit Holztür eingebaut. Auf der hölzernen Arbeitsfläche kann die Wäsche gleich zusammengelegt werden.

2 Schiebetüren aus Mahagoni (von den Architekten Lindon Schulz, gefertigt aus ehemaligen Bürotüren aus den 1940ern) verbergen in der Loftwohnung der Künstlerin und Designerin Christina Kim in Los Angeles Waschmaschine und Trockner.

2

Die Wasch- und Putzkammer

Selbst in einer winzigen Abstellkammer lassen sich die Wasch- und Putzutensilien so unterbringen, dass die Hausarbeit leichter von der Hand geht. Sie brauchen dafür nicht viel mehr als eine Hakenleiste (oder zwei) und ein paar bewährte Requisiten, die – wie Michael Pollan es formulierte – Ihre Großmutter schon kannte.

1 In einer Ecke der Kammer befindet sich die »Wäschewand« mit einer Stahl-Hakenleiste von Room & Board. Das Bügelbrett mit Holzgestell stammt von Williams-Sonoma, und eine andere pfiffige Verwendung für den Klammerbeutel ist auf Seite 135 zu sehen.

2 An der Innenseite der Tür sind an einer Holzleiste im Shaker-Stil (vom Container Store) Putzutensilien aufgehängt. Um in der Kammer Platz zu sparen, bekam der Staubsauger seinen Platz auf einem Rollwagen (Elfa vom Container Store).

Miele
2

1

2

3

Die Unterwelt: Landgewinnung unter der Spüle

Herrschen unter der Spüle Düsternis und Chaos? Dann räumen Sie den Schrank aus. Legen Sie ihn nach dem Saubermachen mit Schrankpapier aus, und probieren Sie es mit einigen der folgenden Tricks.

1 Auf einem Rollspender sind Müllbeutel immer griffbereit. Er lässt sich aus Metallträgern und einem Rundholz aus dem Baumarkt leicht selbst bauen.

2 Warum muss alles auf dem Schrankboden stehen? An einem Gardinen-Spanndraht von Ikea (siehe auch Seite 44–45) können Sprühflaschen aufgehängt und Lappen festgeklammert werden. Andere Putzutensilien sind in einem Eimer gut verstaut.

3 Wer ohne Küchenrolle auskommen möchte, braucht jede Menge Lappen – und einen Platz für die benutzten. Hier sind sie in zwei Drahtkörben von Korbo untergebracht. Damit lassen sich schmutzige Lappen bequem zur Waschmaschine tragen.

Putzstation »To Go«

Der Hausputz ist nur halb so schlimm, wenn die Utensilien angenehm in der Handhabung sind. Misten Sie alle verstaubten Restbestände aus, und sortieren Sie alles, was Sie behalten wollen, in eine tragbare Box ein. Diese hat ihren Platz unter der Spüle gefunden.

Das Wichtigste

- Haushaltseimer aus Metall (siehe »Unsere Top 75«, Seite 170)
- Scheuerbürste mit Holzgriff und Naturborsten
- Universalreiniger und Fettlöser (Rezepte auf Seite 157)
- Putzlappen

Auch praktisch

- Japanische Kokosbürste (zum Trocknen an einen S-Haken hängen)
- Recycling-Küchenpapier
- Stabile Stofftasche zum Lagern von Einkaufstüten

Putzmittel umfüllen und selbst mischen

Geeignete Flaschen für Putzmittel findet man in Fachgeschäften für Küchenbedarf (oder in der Mülltonne). Zuerst werden die Etiketten abgelöst. Hartnäckige Klebstoffreste lassen sich mit Speiseöl entfernen. Praktische Gießer, eigentlich für Spirituosen, machen das Dosieren leicht. Zerstäuber haben meist ein Universalgewinde und können mehrfach wiederverwendet werden.

Übrigens brauchen Sie auch nicht ein Dutzend verschiedener Putzmittel, sondern eigentlich nur zwei, die Sie aus natürlichen Zutaten leicht selbst machen können. Rezepturen? Siehe unten!

Universal-Haushaltsreiniger

1 Essigessenz und Wasser 1:1 mischen und in eine Zerstäuberflasche füllen.

2 Einige Tropfen ätherisches Öl (z. B. Eukalyptus oder Zitrone) zugeben. Das duftet angenehm und wirkt desinfizierend.

Fettlöser

1 ⅔ Tasse Speisenatron und ½ Tasse flüssige Olivenölseife in einer Schüssel verrühren, bis keine Klümpchen mehr zu sehen sind.

2 Mit ½ Tasse Wasser und 2 Esslöffeln Essigessenz mischen.

3 In eine Flasche mit oder ohne Zerstäuber füllen. Vor Gebrauch schütteln.

1

2

3

4

Das Haustier-Zubehör

Haustiere schaffen Unordnung, aber ihr Zubehör kann trotzdem aufgeräumt sein, wenn alles seinen festen Platz hat.

1 Alles, was der Hund täglich braucht, kann im Flur oder beim Nebeneingang untergebracht werden, aber selbst die gewöhnlichsten Dinge sollten vorzeigbar aussehen. Ein Stoffbeutel für Hundekottüten sieht einfach ansehnlicher aus als eine Plastiktragetasche aus dem Supermarkt. Man kann ihn kaufen (z. B. bei Etsy) oder selbst nähen.

2 Oliver Freundlich hat eine Kücheninsel mit einer Extranische für die Futternäpfe entworfen. So fallen sie weniger ins Auge, und vor allem stolpert man nicht so leicht und wirft sie um.

3 Die Katze speist elegant: von einem kleinen Tablett mit Glasschälchen, das auf einem waschbaren Läufer steht. Ein Vorratsbehälter für Mehl ist auch groß genug für Trockenfutter (den Beutel mit Metallklammern verschließen) und Schaufel.

4 Viel attraktiver als ein großer bunter Sack mit Hundefutter sieht so eine altmodische Metalltonne aus. Umfüllen lohnt sich immer!

EXPERTEN-TIPPS

Von Bootsbauern lernen

An Bord darf kein Platz verschwendet werden. Jede verfügbare Nische wird als Stauraum genutzt, der meist verschließbar ist, damit Salz und Feuchtigkeit dem Inhalt nichts anhaben können. **Asa Pingree,** Möbeldesigner und Bootsbauer in zweiter Generation aus North Haven (Maine, USA) erklärt hier fünf simple, aber praktische Lösungen, die sich für kleine Räume aller Art – an Land und auf See – gut eignen.

1. **Jeden Zentimeter nutzen.** »Suchen Sie nach Nischen in der Wohnung und überlegen Sie, was sich mit ihnen anfangen lässt«, sagt Pingree. Treppenstufen? Schubladen einbauen! Eine Bank? Zur Truhe umbauen. Luft unter dem Fußboden? Eine Falltür einbauen.

2. **Klapp- und Stapelmöbel.** Auf Booten werden Tischplatten mit Scharnieren an der Wand befestigt, damit man sie herunterklappen kann. Klappstühle sind üblich, und sogar die Segeltucheimer lassen sich zusammenfalten.

3. **Flache Beschläge.** Auf Schiffen kann man sich vor allem bei Seegang an vorstehenden Türgriffen und anderen Beschlägen verletzen, darum werden dort meist flache Beschläge mit ausklappbaren Ringen eingebaut. Sehr praktisch auch für enge Wohnräume, außerdem sehen solche Beschläge gut aus.

4. **Maritime Haken.** Haken auf Schiffen bestehen meist aus massivem Stahl, Messing oder Bronze. Klampen eignen sich auch zum Befestigen von Rollo-Zugschnüren oder als Haken für Handtücher und Bademäntel. Attraktiv sind sie allemal.

5. **Behälter aus Segeltuch.** Taschen und Eimer aus Segeltuch kann man auch in der Wohnung gut gebrauchen. Im Bad verstauen wir darin Pflegeprodukte, Waschlappen und Wannenspielzeug für die Kinder. Zu kaufen gibt es sie bei Schiffsausrüstern wie Hamilton Marine. Der kleine Eimer auf dem Foto gegenüber stammt von All Hands.

Unsere Top 75

Selbst ganz alltägliche Dinge können attraktiv aussehen, wenn man sich bei der Auswahl Mühe gibt und sich von Trends löst. Alles, was Sie für einen gut aufgeräumten, nahezu plastikfreien Haushalt brauchen, finden Sie auf den folgenden Seiten.

Taschen und Beutel

01

Reißverschlusstaschen aus Naturbaumwolle

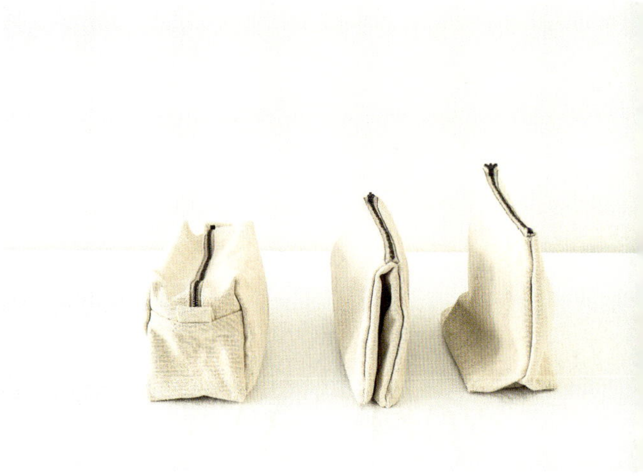

PRAKTISCH: Für kleine Dinge wie Medikamente oder Kosmetika, die zusammen aufbewahrt werden sollen.

ERHÄLTLICH BEI: Beckel Canvas Products (beckelcanvas.com), Delfonics (sweetbellausa.com), Amazon (amazon.com) und verschiedenen Anbietern auf Etsy (etsy.com)

02

Wäscheklammerbeutel aus Baumwolle

PRAKTISCH: Für alles, was mit einem Beutel einfacher wird. Den Haken einfach über die Wäscheleine hängen, oder – für die Fernbedienung – an die Armlehne des Sofas.

ERHÄLTLICH BEI: Augbunny und anderen Händlern auf Amazon (amazon.com)

03

Eimer aus Segeltuch

PRAKTISCH: Für Habseligkeiten von Seeleuten, die an der Koje aufgehängt werden. Auch für Wannenspielzeug, Waschlappen und andere Kleinigkeiten im Badezimmer.

ERHÄLTLICH BEI: All Hands (allhandsny.com) und Hamilton Marine Supply (hamiltonmarine.com)

04

Große Segeltuchtasche

PRAKTISCH: Für alles, was gemeinsam transportiert werden soll, z. B. Arbeitsutensilien, Laptop und Ladegerät.

ERHÄLTLICH BEI: Steele Canvas (steelecanvas.com)

05

Einkaufsnetz

PRAKTISCH: Für den Einkauf auf dem Wochenmarkt. Auch zum Aufhängen von Föhn und anderen Haushaltsgegenständen.

ERHÄLTLICH BEI: Brook Farm General Store (brookfarmgeneralstore.com), bei Ecobags (ecobags.com) und anderen Anbietern.

Körbe, Tonnen, Boxen

06

Verso Korb aus Birkenholz

PRAKTISCH: Zum Aufbewahren verschiedenster Haushaltsgegenstände. Verso-Körbe sind in verschiedenen Größen erhältlich, auch im Großformat für Wolldecken. Die Griffe aus Leder oder Filz sehen attraktiv aus, fühlen sich gut an und sind sehr durabel.

ERHÄLTLICH BEI: Verso Design (www.versodesign.fi/en). Ähnliche Körbe aus Eschenholz gibt es bei der Peterboro Basket Co. (peterborobasket.com).

07

Adirondack-Körbe

PRAKTISCH: Für Picknick-Zutaten oder Wanderverpflegung, weil die Körbe sich gut auf der Schulter tragen lassen. Auch zum Aufhängen im Flur – für die Post oder die Baseball-Cap-Sammlung.

ERHÄLTLICH BEI: The Birch Store (thebirchstore.com)

08

Korbo Classic 80

PRAKTISCH: Für Schmutzwäsche (passender Wäschebeutel aus weißem oder schwarzem Stoff wird als Extra angeboten).

ERHÄLTLICH BEI: Finnish Design Shop (fnnishdesignshop.com), Design Within Reach (dwr.com), Scandinavian Design Center (scandinaviandesigncenter.com) und anderen Anbietern.

09

Drahtkörbe

PRAKTISCH: Für T-Shirts, Reserve-Toilettenpapier, Zwiebeln, Kartoffeln und mehr.

ERHÄLTLICH BEI: The Container Store (containerstore.com; links), Schoolhouse Electric & Supply Co. (schoolhouseelectric.com; rechts)

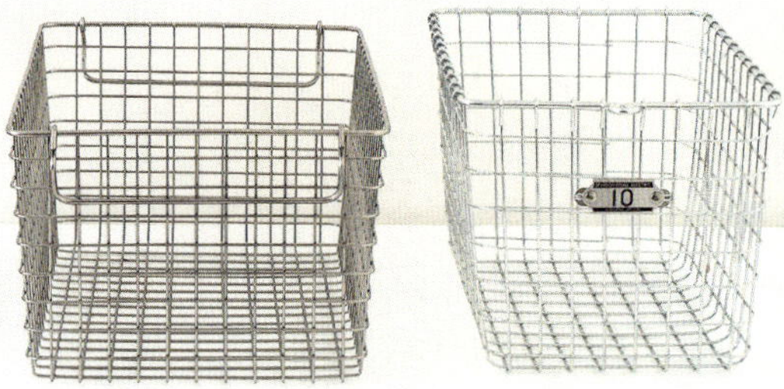

10

Uashmama Papiertonnen

PRAKTISCH: Für fast alles, was nicht zu schwer ist. Als Papierkorb oder »Übertopf« für Zimmerpflanzen. Das Material ähnelt Tyvek und ist recht stabil.

ERHÄLTLICH BEI: Uashmama (shopuashmamausa.com)

11

Shaker-Boxenset

PRAKTISCH: Für Nähzeug, Kochzutaten und andere Kleinigkeiten

ERHÄLTLICH BEI: Makié (makieclothier.com) hat die hier abgebildeten, in Japan gefertigten Schachteln im Sortiment. Shaker Workshops (shakerworkshops.com) und andere Anbieter.

12

Pulverlackierte Stahlboxen aus Italien

PRAKTISCH: Für Papiere, Unterlagen und anderes Schreibtischzubehör

ERHÄLTLICH BEI: Sweet Bella (sweetbellausa.com)

13

Holzbox für Kosmetiktücher

PRAKTISCH: Um die hässlichen Pappschachteln zu verstecken.

ERHÄLTLICH BEI: Verschiedenen Anbietern auf Etsy, z. B. ColoriCrafts (etsy.com/shop/ColoriCrafts), außerdem in Kunst- und Bastelgeschäften wie Michaels (michaels.com). Nalata Nalata (nalatanalata.com) hat eine edle Version aus Japan im Angebot.

14

Bigso Box of Sweden Büro-Boxen

PRAKTISCH: Für alles, was man rings um den Schreibtisch braucht. Aus Recycling-Faserwerkstoff hergestellt.

ERHÄLTLICH BEI: The Container Store (containerstore.com)

15

Ablagekasten aus Holz

PRAKTISCH: Für unbezahlte Rechnungen. Auch für Sets, Besteck, Servietten und andere Utensilien für den gedeckten Tisch.

ERHÄLTLICH BEI: Office Supply (officesupply.com), verschiedenen Händlern auf Etsy (etsy.com) und anderen Anbietern.

16

Boxenserie Tjena von Ikea

PRAKTISCH: Für Briefe, Akten, Fotos, Stoffreste, Kinderzeichnungen und viele andere Dinge, die am besten in beschrifteten Kästen aufbewahrt werden.

ERHÄLTLICH BEI: Ikea (ikea.de)

17

Emaille-Vorratsbehälter

PRAKTISCH: Für Brot, Trockenvorräte und viele andere Dinge (siehe Seite 158).

ERHÄLTLICH BEI: Garden Trading (gardentrading.co.uk) und verschiedenen Händlern auf Etsy (etsy.com)

18

Werkzeugkasten Tosca von Yamazaki

PRAKTISCH: Für Werkzeug, Körperpflege-Utensilien, Gewürze, Bastelzubehör und mehr. Der Kasten aus Stahl mit Holzgriff wird in zwei Größen angeboten.

ERHÄLTLICH BEI: Amazon (amazon.com), Wayfair (wayfair.com) und Unison (unisonhome.com)

19

Haushalts-Zinkeimer

PRAKTISCH: Für alles, was man häufiger im Haus herumträgt, z. B. Putzmittel für Bad oder Küche (unter der Spüle aufbewahren) oder für Gartenwerkzeug.

ERHÄLTLICH BEI: Labour and Wait (labourandwait.co.uk). Ähnliche Behälter aus Emaille mit beweglichem Griff bei Cost Plus World Market (worldmarket.com) und Garden Trading (gardentrading.co.uk).

20

Segeltuch-Boxen von Marie Michielssen

PRAKTISCH: Für kleinere Dinge, die auf Regalen oder in Schränken geordnet aufbewahrt werden sollen (Kleiderschrank, Kinderzimmer, Hauswirtschaftsraum).

ERHÄLTLICH BEI: Serax (serax.com)

21

Segeltuch-Boxen mit Schild

PRAKTISCH: Für Mützen, Handschuhe und andere Accessoires im Flur oder im Schrank, Spielzeug im Kinderzimmer.

ERHÄLTLICH BEI: The Container Store (containerstore.com)

22

Segeltuch-Rolli Steele

PRAKTISCH: Für Schmutzwäsche, Spielzeug, Wolldecken und Kissen oder Autozubehör in der Garage. Hergestellt von einem Familienbetrieb in Boston. Die Steele-Wagen werden in verschiedenen Größen produziert und sind so stabil, dass damit sogar Mauersteine auf Baustellen bewegt werden.

ERHÄLTLICH BEI: Steele Canvas (steelecanvas.com)

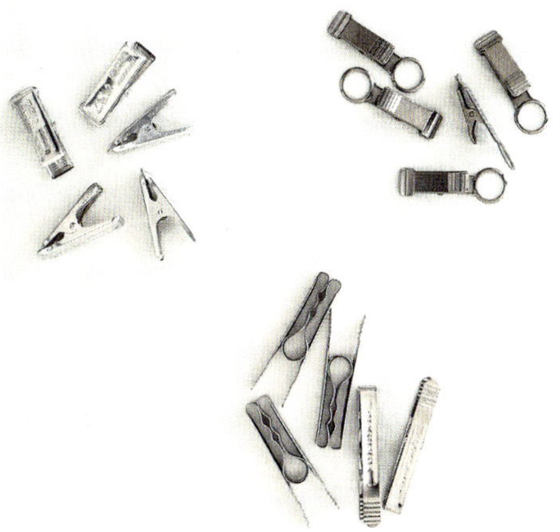

Clips und Verschlüsse

23

Kleine Metallklammern

PRAKTISCH: Zum Aufhängen von Geschirrtüchern oder Bildern, aber auch zum Bändigen von Kabeln oder Zusammenhalten von Papieren.

ERHÄLTLICH BEI: Present and Correct (presentandcorrect.com), Labour and Wait (labourandwait.co.uk), Museum of Useful Things (museumofusefulthings.com)

24

Farbige Metallklammern Ellepi

PRAKTISCH: Für Papiere oder Kabel, die zusammengehalten werden sollen. Attraktive Farben.

ERHÄLTLICH BEI: Sweet Bella (sweetbellausa.com)

25

Metallklammern mit Haken und Gummikanten Mawa von Reston Lloyd

PRAKTISCH: Für alles, was aufgehängt werden soll, z. B. Handtaschen, nasses Badezeug und tausend andere Dinge.

ERHÄLTLICH BEI: Reston Lloyd (restonlloyd.com), Amazon (amazon.com) und Manufactum (manufactum.de)

26

Holz-Wäscheklammern

PRAKTISCH: Karten an Geschenken befestigen, Pflanzenstiele fixieren, Servietten oder Handtücher markieren (Klammern beschriften oder farbig bemalen), und selbstverständlich für die Wäsche.

ERHÄLTLICH BEI: The Home Depot (homedepot.com), Staples (staples.com) und viele andere Anbieter. Mini-Klammern bei The Container Store (containerstore.com) und in Bastelgeschäften.

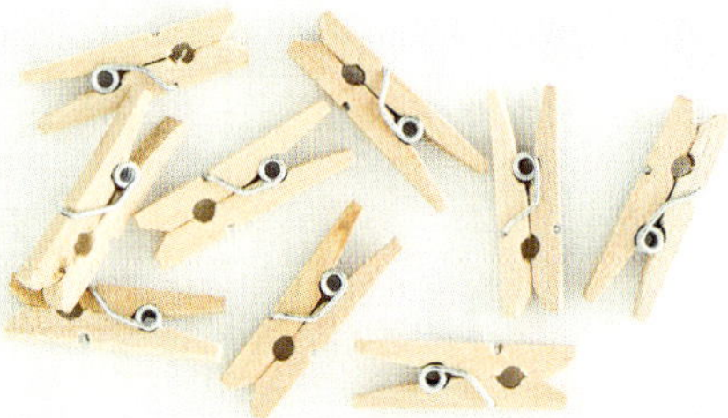

27

Gummibänder aus Naturlatex

PRAKTISCH: Für alles, was gebündelt werden soll, z. B. Kabel, Bücher und mehr. Es gibt auch Verschlussringe mit einem dreieckigen Knebel.

ERHÄLTLICH BEI: Labour and Wait (labourandwait.co.uk), Verschlussringe bei Manufactum (manufactum.de)

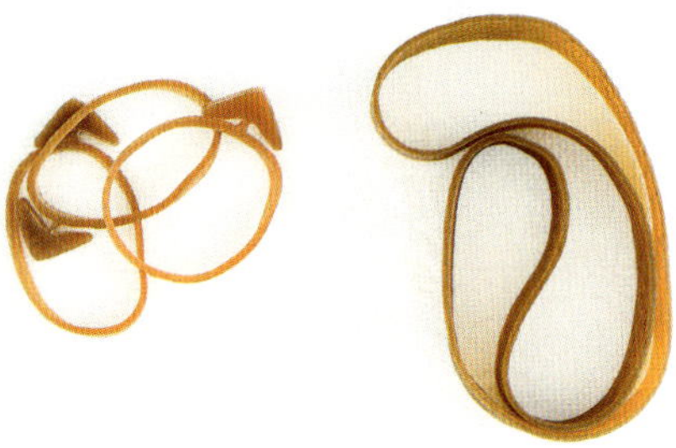

Für den Kleiderschrank

28

Holz-Kleiderbügel

PRAKTISCH: Ordentliche und schonende Aufbewahrung von Kleidung. Hilfreich ist eine Farbcodierung, z.B. weiße Bügel für Oberteile, naturfarbige für Hosen.

ERHÄLTLICH BEI: Bed Bath & Beyond (bedbathandbeyond.com), The Container Store (containerstore.com), Ikea (ikea.de) und anderen Anbietern.

29

Umbra Hitch Aufhänger für Accessoires

PRAKTISCH: Einfach über die Kleiderstange oder einen Haken hängen – dann Taschen oder Gürtel daran aufhängen.

ERHÄLTLICH BEI: The Container Store (containerstore.com) und Umbra (umbra.com)

30

Reißverschluss-Box aus Segeltuch

PRAKTISCH: Zur Aufbewahrung von dicken Pullovern und anderer Winterkleidung oder Wolldecken.

ERHÄLTLICH BEI: Muji (nur in den Läden), The Laundress (thelaundress.com), Fleabags' Immodest Cotton Line (fleabg.com) und Cuddledown (cuddledown.com)

31

Schuhbeutel aus Flanell

PRAKTISCH: Schützen Schuhe vor Schmutz und Staub und verhindern in Schrank oder Koffer Reibung an anderen Schuhen oder Kleidung.

ERHÄLTLICH BEI: The Butler's Closet (thebutlerscloset.com)

Für Schubladen und Regale

32

Bisley Container mit fünf Schubladen

PRAKTISCH: Für Bürozubehör, aber auch für Besteck oder andere Haushaltsgegenstände. Die englische Firma Bisley stellt seit den 1940er-Jahren Aufbewahrungsmöbel aus Stahl her.

ERHÄLTLICH BEI: The Container Store (containerstore.com) in 13 Farben

33

Besteckkasten aus Metall

PRAKTISCH: Um Besteck nach Typ zu sortieren.

ERHÄLTLICH BEI: Fachhandel für Gastronomiebedarf, z. B. Web Restaurant Store (webrestaurantstore.com)

34

Design Ideas Gitter-Schubladeneinsatz

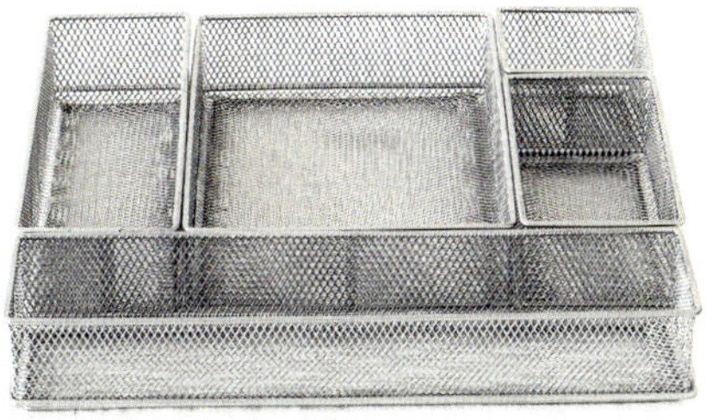

PRAKTISCH: Um Ordnung in der Krimskrams-Schublade zu schaffen.

ERHÄLTLICH BEI: Design Ideas (designideas.net), Amazon (amazon.com) und The Container Store (containerstore.com)

35

Schubladeneinlage aus Naturbaumwolle

PRAKTISCH: Sauberer Untergrund für Schubladen und Schränke. Rutschfeste Rückseite. Einfach das benötigte Maß von der Rolle abschneiden.

ERHÄLTLICH BEI: The Container Store (containerstore.com)

36

Variera Topfdeckelhalter von Ikea

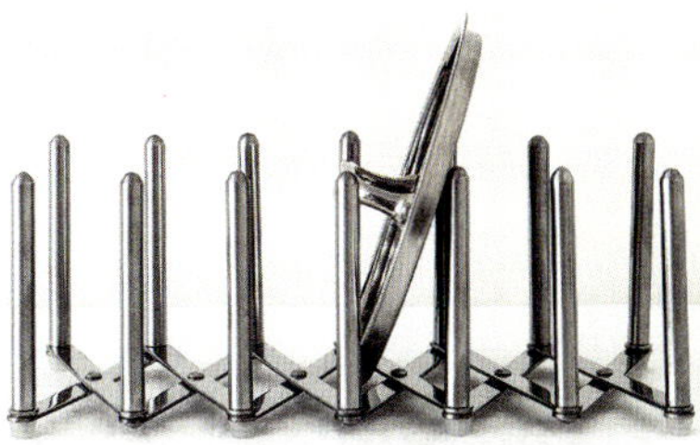

PRAKTISCH: Um Topfdeckel platzsparend aufzubewahren. Der verstellbare Halter eignet sich auch für kleine Handtaschen, Portemonnaies und andere flache Gegenstände. Passt sich verschiedenen Schubladen- und Fachgrößen an.

ERHÄLTLICH BEI: Ikea (ikea.de)

37

Regaleinsatz

PRAKTISCH: Ermöglicht die Schaffung einer zusätzlichen Ebene in Hängeschränken, unter der Spüle und anderswo, ohne neue Regalböden einzubauen.

ERHÄLTLICH BEI: The Container Store (containerstore.com), außerdem in Küchenstudios und Baumärkten.

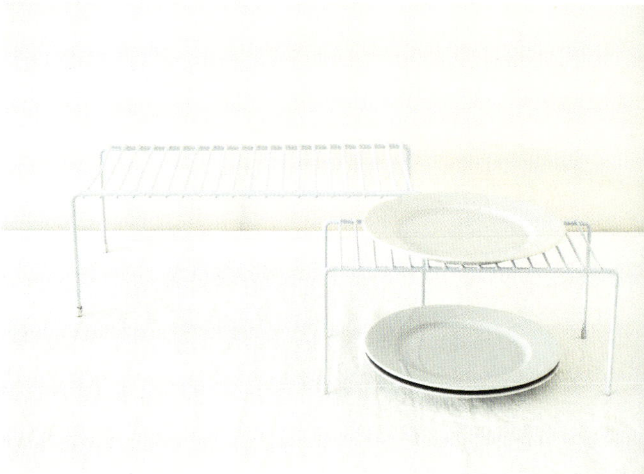

38

Schreibtisch-Butler Silver Mesh

PRAKTISCH: Für Briefe, Akten und Notizbücher, aber auch für andere flache, rechteckige Dinge wie Handtaschen oder Portemonnaies. Sieht aus wie ein überdimensionaler Toastständer.

ERHÄLTLICH BEI: The Container Store (containerstore.com)

39

Zydeco Formularhalter

PRAKTISCH: Für Akten, Post und Zeitschriften, aber auch für zugeknöpfte, gefaltete Hemden. Lässt sich durch Scherengelenke verstellen und klein zusammenfalten.

ERHÄLTLICH BEI: Design Ideas (designideas.net)

Haken und Halter

40

Handgeschmiedete Maxi-Nägel

PRAKTISCH: Zum Aufhängen von Kleidung, Taschen, Geschirrtüchern oder Bildern, auch für die Pinnwand.

ERHÄLTLICH BEI: Brook Farm General Store (brookfarmgeneralstore.com) und House of Antique Hardware (houseofantiquehardware.com)

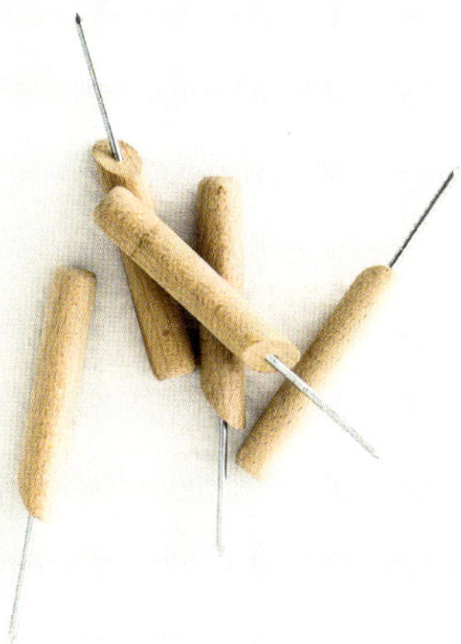

41

Buchenholz-Haken

PRAKTISCH: Können überall angebracht werden, wo etwas aufgehängt werden soll: im Flur, in einem Schrank, an der Schlafzimmerwand.

ERHÄLTLICH BEI: Manufactum (manufactum.de)

42

S-Haken

PRAKTISCH: Einfach über eine Stange hängen, wo ein Haken benötigt wird – für Geschirrtücher, Handtaschen und vieles mehr.

ERHÄLTLICH BEI: Baumarkt, in vielen Größen und Typen. Das große Exemplar aus Messing (ganz links) stammt von dem New Yorker Designunternehmen Sir/Madam (sirmadam.com).

43

Scout Regalia Pulverlackierte Wandhaken SR

PRAKTISCH: Zum Aufhängen von Jacken, Baseball-Caps und Schlüsseln. Schlichte, zurückhaltende Form im Industriestil, aber fröhliche Farben.

ERHÄLTLICH BEI: Scout Regalia (scoutregalia.com) in sechs Farben.

44

The Dots von Muuto

PRAKTISCH: Glatte, griffige Knöpfe für Schränke oder – in beliebiger Anordnung – als Kleiderhaken. In drei Größen und zwölf Farben erhältlich, außerdem aus geölter Eiche (siehe Foto) und Esche.

ERHÄLTLICH BEI: Muuto (muuto.com) und im Fachhandel. Ähnliche Knöpfe gibt es auch aus unbehandeltem Holz bei Home Depot (homedepot.com) und in Baumärkten.

45

Stropp Hängeklammer

PRAKTISCH: Für Schals, Handtücher oder aufgerollte Zeitungen und Zeitschriften.

ERHÄLTLICH BEI: By Lassen (bylassen.com). Ähnliche Modelle bei Mathilda Clahr (mathildaclahr.com), Alice Tacheny (alicetacheny.com) und anderen.

Küchenbehälter

46

Gläser mit Schraubdeckeln

PRAKTISCH: Für Kräuter und Gewürze. Am besten gleich mehrere hübsch aufreihen.

ERHÄLTLICH BEI: Kleine Gläser im Fachhandel für Künstlerbedarf (eigentlich zum Aufbewahren gemischter Farben). Die höheren Gläser gibt es beim Container Store (containerstore.com).

47

Weck-Sturzgläser

PRAKTISCH: Stapelbar, luftdicht. Weckgläser wurden um 1900 zum Einkochen entwickelt. Sie sind in vielen Größen erhältlich und eignen sich auch gut für Reste oder als Vorratsgläser für Trockenzutaten.

ERHÄLTLICH BEI: Weck (shop-weck.de), Williams-Sonoma (williams-sonoma.com), Schoolhouse Electric & Supply Co. (schoolhouseelectric.com) und in Geschäften für Haushaltsbedarf.

48

Einweckgläser mit Bügel

PRAKTISCH: Zum Aufbewahren von Resten und zum Einmachen von Tomatensauce, Marmelade und mehr.

ERHÄLTLICH BEI: Küchen- und Haushaltwaren-Händlern. Abgebildet sind die Gläser Korken von Ikea (ikea.de). Große Auswahl bei Blisshaus (blisshaus.com).

49

Kühlschrankboxen aus Glas

PRAKTISCH: Zum Aufbewahren von Resten. Je nach Glastyp können die vielseitigen Behälter direkt aus dem Kühlschrank in den Backofen wandern.

ERHÄLTLICH BEI: Anchor Hocking (hinten; oneida.com) und Pyrex (pyrex.com), neuerdings aber oft nur mit Plastikdeckel. Besser gefallen uns die alten Behälter (vorn), die relativ preiswert bei Etsy (etsy. com) und eBay (ebay.com) zu finden sind.

50

Große Vorratsgläser

PRAKTISCH: Zum Aufbewahren von Mehl, Zucker und anderen Lebensmitteln, auch für Plätzchen. Sie sind schwerer als Plastikbehälter, sehen aber schöner aus. Wegen des Gewichts lieber auf die Arbeitsfläche stellen, nicht auf ein hohes Regal.

ERHÄLTLICH BEI: Anchor Hocking (oneida.com)

51

Tiffins

PRAKTISCH: Als »Henkelmann«, um Gerichte aus mehreren Bestandteilen mit zur Arbeit zu nehmen. Auch zum Aufbewahren von Resten.

ERHÄLTLICH BEI: Indische Lebensmittelgeschäfte, Amazon (amazon.de) und Food 52 (food52.com/shop)

52

Vorratsbehälter aus weißem Porzellan von Muji

PRAKTISCH: Preiswert und ohne Plastik, stapelbar, geeignet für Spülmaschine und Mikrowelle. Zum Beschriften Washi-Tape verwenden.

ERHÄLTLICH BEI: Muji (muji.com/us), in drei Größen

53

Vorratsgläser Baum by Kinto

PRAKTISCH: Schlicht, edel und stapelbar. Das Glas ist hitzebeständig und der Holzdeckel ist mit einem luftdicht schließenden Silikonring ausgestattet.

ERHÄLTLICH BEI: Rakuten Global Market (global.rakuten.com/en) und Amazon (amazon.de)

54

Zylindrische Gläser mit Deckel

PRAKTISCH: Für Wattepads, Ohrringe und andere kleine Dinge.

ERHÄLTLICH BEI: Makié (makieclothier.com, siehe Foto). Auch bei Muji (muji.com/us), Schoolhouse Electric & Supply Co. (schoolhouse.com), Dover Street Market (doverstreetmarket.com) und Fachhändlern für Laborbedarf (siehe Seite 217).

55

Wiederverwendbare Gemüsenetze aus Baumwolle

PRAKTISCH: Luftdurchlässig und ohne Plastik. Auch zum Transportieren des Einkaufs geeignet.

ERHÄLTLICH BEI: Simple Ecology (simpleecology.com) sowie verschiedenen Anbietern auf Etsy (etsy.com) und Amazon (amazon.com)

56

Schüsselhauben aus Leinen

PRAKTISCH: Um Salate, Suppen und andere Gerichte frisch zu halten und vor Insekten zu schützen. Aus zweilagigem, waschbarem Leinen mit Gummizug. Dicht, aber nicht luftdicht schließend. Gute Alternative zu Frischhaltefolie.

ERHÄLTLICH BEI: Ambatalia (ambatalia.com) and Quitokeeto (quitokeeto.com)

57

Furoshiki-Stoff

PRAKTISCH: Für fast alles, was eingewickelt werden soll. Furoshiki-Bündel haben in Japan jahrhundertelange Tradition. Die Tücher werden geknotet und als Tasche genutzt oder zur Aufbewahrung von Lebensmitteln verwendet. Auch schön als Alternative zu Geschenkpapier.

ERHÄLTLICH BEI: Ambatalia (ambatalia.com)

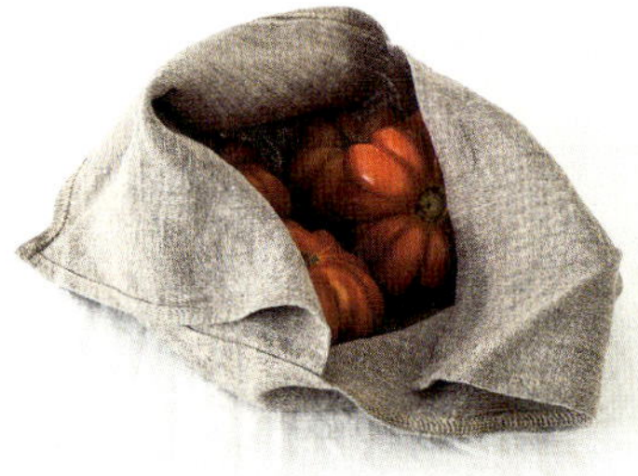

58

Glasflaschen

PRAKTISCH: Für Handseife, Geschirrspülmittel, selbstgemachte Reinigungsmittel (siehe Seite 157) oder Wasser.

ERHÄLTLICH BEI: Amazon (amazon.com), Bed Bath & Beyond (bedbathandbeyond.com), und Etsy (etsy.com). Metallgießer und andere Dosierhilfen für Standard-Glasflaschen (neu oder gebraucht) sind ebenfalls erhältlich.

Stangen, Schienen und Hakenleisten

59

Holzregal mit Metallträgern, Ekby von Ikea

PRAKTISCH: Überall dort, wo ein kleines, preiswertes Regal gebraucht wird. Die Metallwinkel gibt es in Schwarz und Weiß.

ERHÄLTLICH BEI: Ikea (ikea.de)

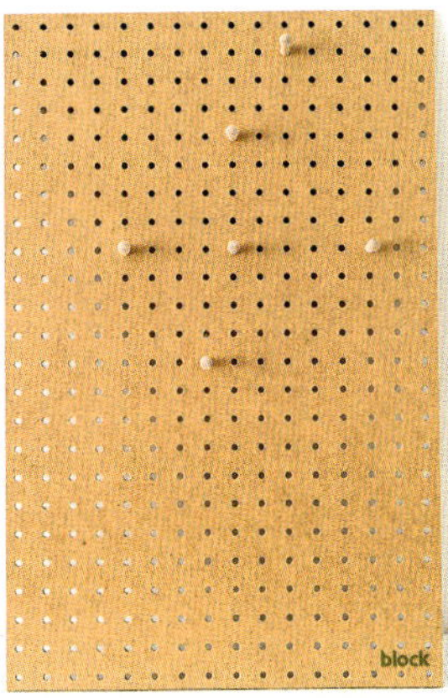

60

Aufbewahrungsplatte

PRAKTISCH: Eigentlich für die Werkstatt, aber überall im Haus nützlich, um kleine Dinge aufzubewahren (siehe auch Seite 113).

ERHÄLTLICH BEI: Block (blockdesign.co.uk)

61

Shaker-Hakenleiste

PRAKTISCH: Als einfache Aufbewahrungslösung für jeden Raum. Die Shaker haben bewiesen, dass man fast alles aufhängen kann (und sollte).

ERHÄLTLICH BEI: Das abgebildete Modell stammt vom Container Store (containerstore.com). Ähnliche Modelle bei Peg and Rail (pegandrailusa.com), NH Woodworking (nhwoodworking.com) und in vielen Möbelgeschäften und Baumärkten.

62

Hakenleiste Spike von Room & Board

PRAKTISCH: Ähnlich wie Hakenleisten im Shaker-Stil, jedoch aus pulverlackiertem Stahl und in 14 Farben.

ERHÄLTLICH BEI: Room & Board (roomandboard.com)

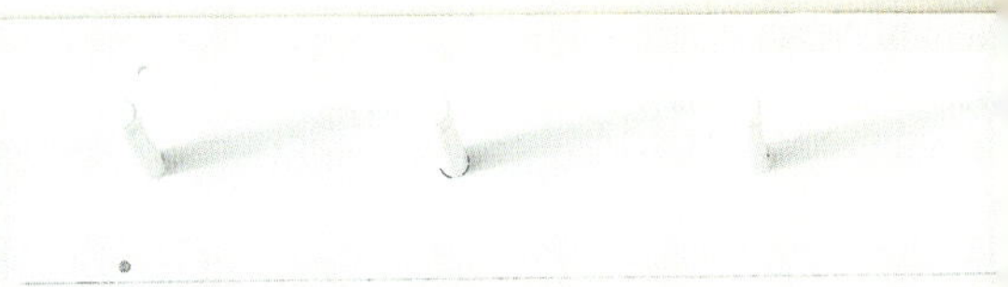

63

Edelstahlstangen Grundtal von Ikea

PRAKTISCH: Über der Küchenarbeitsplatte zum Aufhängen von Töpfen, Pfannen und anderen Kochutensilien. Grundtal ist eine Serie, die geradezu Kultstatus besitzt.

ERHÄLTLICH BEI: Ikea (ikea.de)

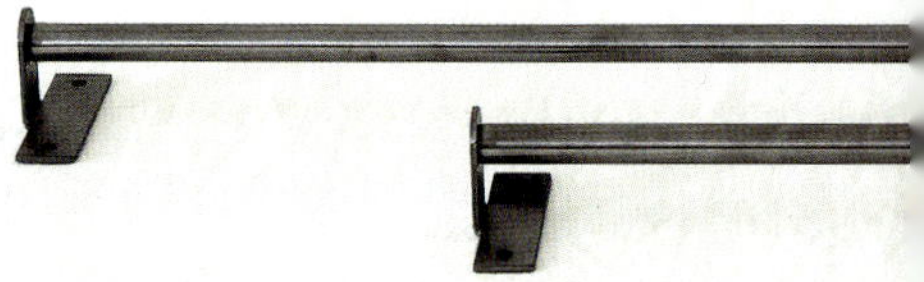

64

Emaillebügel von Riess (Österreich)

PRAKTISCH: Zum Aufhängen von Kellen und anderen Küchenutensilien (weiß emailliert ebenfalls von Riess), aber auch für Handtücher im Bad (siehe Seite 88) und andere Zwecke.

ERHÄLTLICH BEI: Labour and Wait (labourandwait.co.uk) und Objects of Use (objectsofuse.com). Händlersuchfunktion auf der Website des Herstellers (riess.at)

65

Metall-Stangenhalter Umbra und unbehandeltes Rundholz

PRAKTISCH: Im Küchenschrank als Rollenhalter, z. B. für Küchenrollen oder Müllbeutel.

ERHÄLTLICH BEI: Amazon (amazon.com) und Umbra (umbra.com), ähnliche Modelle in Baumärkten.

Tabletts und Schalen

66

Sperrholztabletts Corin Mellor Willow Plywood Trays

PRAKTISCH: Zum Servieren, Tischdecken und Transportieren von Geschirr, Besteck und Speisen. Das Tablett mit dem flachen Rand ist eine edle Variante des typischen »Kantinentabletts«.

ERHÄLTLICH BEI: David Mellor (davidmellordesign.com)

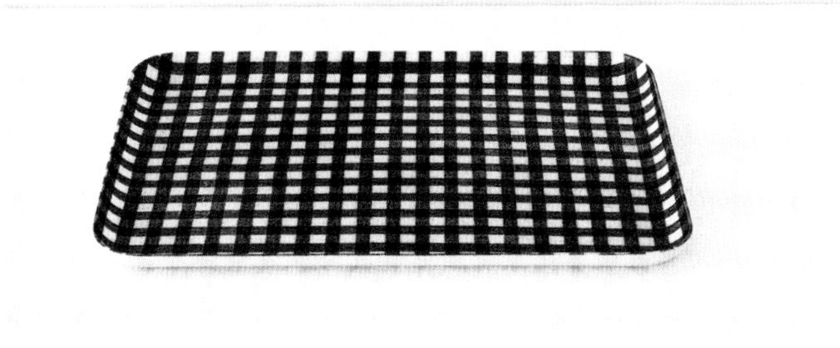

67

Tabletts von Fog Linen

PRAKTISCH: Zur gemeinsamen Aufbewahrung verschiedener kleinerer Dinge. Die Tabletts aus Leinen und Polyesterharz sind leicht, wasserbeständig und in drei Größen erhältlich.

ERHÄLTLICH BEI: Fog Linen (shop-foglinen.com)

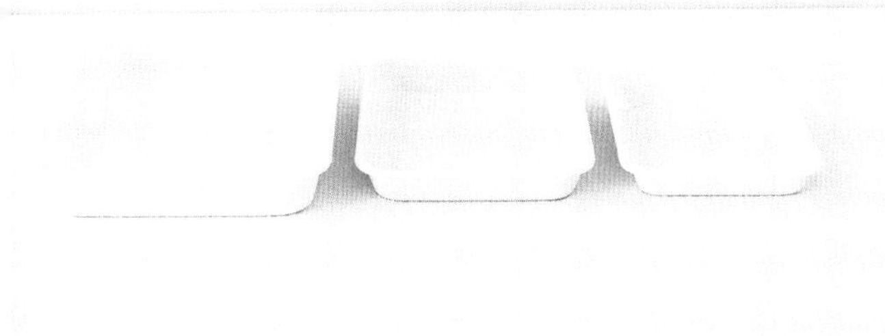

68

Japanische Lacktabletts

PRAKTISCH: Edle, sachliche Aufbewahrung für kleine Dinge verschiedener Art, sowohl in Schubladen und Schränken als auch sichtbar aufgestellt. Diese Tabletts zählen zu unseren besonderen Favoriten.

ERHÄLTLICH BEI: The Good Design Store at Dover Street Market (nur in den Läden)

69

Emailleschalen für Künstler

PRAKTISCH: Eigentlich zum Mischen von Farben, aber auch für kleine Dinge – von Schmuck bis zu Topfpflanzen. Leicht zu reinigen und durabel, allerdings stößt die Emaille an den Rändern leicht an.

ERHÄLTLICH BEI: Blick (dickblick.com). Ähnliche Modelle im Praxisbedarf (Instrumentenschalen).

Mehr Nützliches

70

Schilder aus Manila und Holz

PRAKTISCH: Für alles, was beschriftet werden soll: Körbe und Boxen, Schlüssel oder auch Geschenke.

ERHÄLTLICH BEI: Staples (staples.com) in Manila-Beige und Weiß, als Geschenkanhänger beim Container Store (containerstore.com)

71

Gummieimer aus Altreifen

PRAKTISCH: Für aufgerollte Handtücher und andere Dinge. Interessantes Recycling-Design.

ERHÄLTLICH BEI: Matsunoya (matsunoya.jp). Ähnliche Modelle bei Baileys (baileyshome.com) und Viva Terra (vivaterra.com).

72

Klampen aus Edelstahl

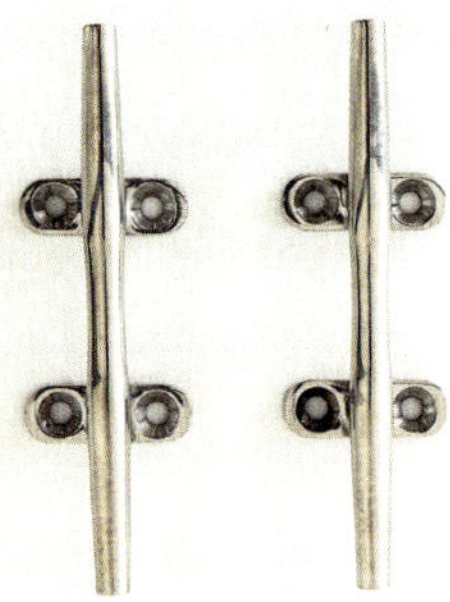

PRAKTISCH: An der Wand oder einer Tür montieren und Handtücher, Bademäntel oder Segeltucheimer mit Badezimmerutensilien aufhängen. Auch zum Befestigen von Rolloschnüren und anderen Seilzügen (siehe Seite 161).

ERHÄLTLICH BEI: West Marine (westmarine.com) und Amazon (amazon.com) sowie bei Schiffsausrüstern.

73

Stangen mit Federmechanismus

PRAKTISCH: Zum Aufhängen von Gardinen und Vorhängen, zum Unterteilen von Schubladen, zur Aufbewahrung von Schuhen und für viele andere Zwecke.

ERHÄLTLICH BEI: Amazon (amazon.de), The Home Depot (homedepot.com) und in Baumärkten.

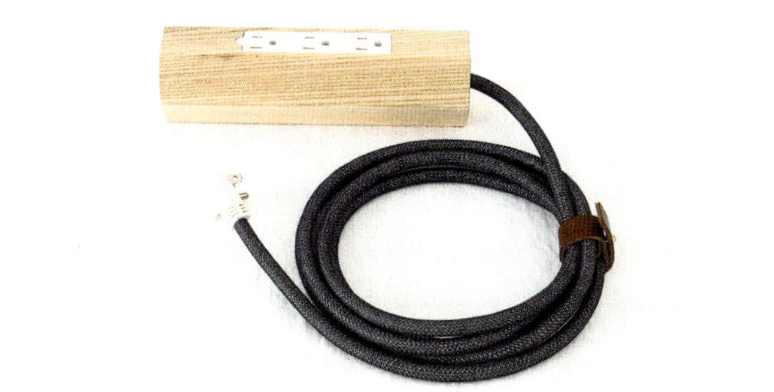

74

Steckdosenleiste Niko von Most Modest

PRAKTISCH: Viel attraktiver als Plastik-Steckdosenleisten. Sechseckiges Steckdosenelement aus Holz, 3 m Kabel mit Textilummantelung und einem Lederring, der es aufgerollt zusammenhält.

ERHÄLTLICH BEI: Most Modest (mostmodest.com)

75

Mini-Hängematte

PRAKTISCH: Für Wannenspielzeug im Badezimmer. Traditionell wurden solche Netze neben Schiffskojen aufgehängt, um Dinge in Reichweite aufzubewahren und trocknen zu lassen.

ERHÄLTLICH BEI: Best Made Co. (bestmadeco.com), Defender (defender.com), West Marine (westmarine.com) und Schiffsausrüstern.

Tipps un
Adresse

d

n

Es kommt häufig vor, dass man Ordnungshelfer »nebenbei« beim Möbeldiscounter oder im Baumarkt mitnimmt, ohne sich Gedanken über Material oder Design zu machen. Das ist eigentlich schade, denn das Aussuchen solcher Kleinigkeiten kann ebenso viel Freude machen wie der Einkauf neuer Möbel oder Dekorationen – nur für weniger Geld. Im letzten Kapitel unseres Buchs nennen wir viele gute Alternativen zu Haushaltswaren aus Plastik und verraten gute Einkaufsadressen. Außerdem geben wir Tipps für alle, die Überflüssiges loswerden möchten

Plastik muss nicht sein
Umweltfreundliche Alternativen für die ganze Wohnung

Haushaltshelfer aus Plastik sind überall für kleines Geld zu bekommen. Sie sind aber umweltschädlich und können, wie eine wachsende Zahl von Studien belegt, auch die Gesundheit gefährden. Hier finden Sie gute Alternativen.

VERMEIDEN	STATTDESSEN	HINWEISE
Abwaschbürste aus Plastik	**Bürste mit Holzgriff und Naturborsten**	Traditionell und kompostierbar. Iris Hantverk und Bürstenhaus Redecker sind zwei empfehlenswerte Hersteller. Erhältlich bei Sur La Table und Amazon.
Abtropfgestell aus Plastik	**Abtropfgestell aus Holz oder Edelstahl**	Plastikbestandteile werden schnell unansehnlich. Besser sind Bambus- oder Metallgestelle für die Arbeitsfläche oder – noch besser – Edelstahlgestelle zur Wandbefestigung (siehe Seite 60).
Synthetikschwämme	**Schwämme aus Naturzellulose**	Erhältlich in Supermärkten und Drogeriemärkten, auch mit harter »Scheuerseite«. Zum Desinfizieren einfach in den Geschirrspüler legen oder nass eine Minute in der Mikrowelle erhitzen.
Plastikflaschen für Spülmittel und Haushaltsreiniger	**Glasbehälter**	Geschirrspülmittel kann in jede andere Flasche umgefüllt werden, am besten mit einem Gießer aus dem Bar-Bedarf. (Kaufen muss man Reinigungsmittel trotzdem in Plastikflaschen, es sei denn, man macht sie selbst. Rezepte auf Seite 157.)
Vorratsbehälter aus Plastik	**Kühlschrankboxen aus Glas, Einweckgläser, Lunchboxen aus Edelstahl**	Glasboxen sind praktisch, weil sie durchsichtig und stapelbar sind (siehe »Unsere Top 75«, Seite 180). Gläser gibt es in vielen verschiedenen Formen und Größen. Wer häufiger Essen zur Arbeit mitnimmt, könnte sich eine Lunchbox aus Edelstahl anschaffen (siehe Seite 180).
Frischhaltefolie	**Mit Bienenwachs imprägnierter Baumwollstoff, Schüsselhauben aus Stoff, Wachspapier**	»Bienen-Wachstuch« gibt es von verschiedenen Herstellern, z. B. Bee's Wrap. Wenn die Abdeckung nicht luftdicht sein muss, empfehlen sich Hauben aus Stoff, z. B. von Ambatalia (siehe Seite 182). Man kann Schüsseln auch einfach mit passenden Tellern abdecken.
Vorratsbeutel aus Plastik	**Stoffbeutel oder Behälter aus Glas oder Metall**	Eine gute Auswahl gibt es bei Etsy, Rodale's und Amazon.

VERMEIDEN	STATTDESSEN	HINWEISE
Kunststoff-Schneidebretter	**Schneidebretter aus Holz**	Gelegentlich mit einer Paste aus Speisenatron, Salz und Wasser scheuern.
Plastik-Kochlöffel	**Kochlöffel aus Holz**	Überall für wenig Geld zu kaufen. Es gibt auch schöne handgefertigte Exemplare.
Kellen, Teigschaber und andere Kochutensilien aus Plastik	**Küchenwerkzeug aus Holz oder Metall**	Sie sind seit einigen Jahren wieder beliebt und in Haushaltswarengeschäften zu bekommen. (Oder stöbern Sie bei Großeltern und Eltern in der Schublade.)
Wasserflaschen aus Plastik	**Flaschen aus Stahl, Titan oder Glas**	S'well und Klean Kanteen sind zwei gute Marken.
Plastiktabletts	**Tabletts aus Holz oder Metall**	Siehe »Unsere Top 75«, Seite 186–187.
Plastikeimer	**Metalleimer, verzinkt oder emailliert**	Siehe »Unsere Top 75«, Seite 170.
Plastikkleiderbügel	**Holzkleiderbügel**	Preiswert bei Ikea und im Container Store zu bekommen.
Kleideraufbewahrung aus Plastik	**Segeltuchtaschen mit Reißverschluss**	Zum Beispiel von Muji, The Laundress und anderen Anbietern.
Kleiderschutzhüllen aus Plastik	**Hüllen aus Baumwolle oder Segeltuch**	Hüllen ganz ohne Chemikalien gibt es beispielsweise bei Butler's Closet.
Wäschekörbe aus Plastik	**Weiden- oder Rattankörbe, Segeltuchbehälter**	Zum Beispiel bei Peterboro Basket Co., The Laundress oder Steele Canvas.
Kosmetik-Mülleimer und Badezimmerboxen aus Plastik	**Behälter aus Metall, Drahtgeflecht oder Segeltuch**	Sie sehen einfach besser aus.
Toilettenbürste und Halter aus Plastik	**Bürste mit Holzgriff und Metallbehälter**	Ideen auf Seite 91.
Ablagekästen aus Plastik	**Kästen aus Pappe, Holz oder Metall**	Siehe »Unsere Top 75«, Seite 167–169.
Plastik-Papierkörbe	**Modelle aus Holz, Segeltuch oder Korbgeflecht**	Auch Eimer können praktisch sein.

Wohin mit dem Überschuss? Tipps zum Spenden, Verkaufen, Tauschen, Umfunktionieren, Recyceln und mehr.

Es lohnt sich, die Dinge, mit denen wir uns tagtäglich umgeben, mit Sorgfalt auszusuchen. Um die Ordnung aufrechtzuerhalten, ist es aber auch wichtig, regelmäßig auszumisten. Dann ist zu entscheiden, was mit den aussortierten Dingen geschehen soll: verschenken, verkaufen, recyceln oder wegwerfen? Stellen Sie ruhig an einem gut erreichbaren Platz eine Box für Sachen auf, die Sie spenden wollen. Hier finden Sie weitere Tipps, wie Sie Überflüssiges loswerden können.

Spenden

Manches, was wir aussortieren, können andere Menschen gut gebrauchen. Wer solche Dinge spendet, hilft nicht nur Bedürftigen, sondern auch den gemeinnützigen oder karitativen Organisationen, die Spenden verteilen. Wenn Sie viele oder große Sachen abzugeben haben, fragen Sie ruhig nach, ob eine Abholung möglich ist. Und haben Sie keine Scheu, sich eine Spendenbescheinigung für die Steuer geben zu lassen.

Grundsätzlich ist es sinnvoll, sich zuerst am Wohnort umzuhören, beispielsweise in Sozialkaufhäusern, Kirchengemeinden oder Asylhilfegruppen.

Die Plattform wohindamit.org soll mithilfe einer Postleitzahlensuche helfen, soziale Einrichtungen in der Nähe des Wohnorts zu finden, die Sachspenden entgegennehmen. Wer geeignete Einrichtungen kennt, kann sie hinzufügen.

KLEIDUNG

Der Altkleidercontainer ist nicht immer die beste Wahl, denn viele Firmen, die solche Container aufstellen, arbeiten gewinnorientiert.

Dress for Success
dressforsuccess.org
Wer typische Bürokleidung (Kostüme, Blusen, Hosenanzüge usw.) abzugeben hat, kann sie hier spenden. Die international operierende Plattform hat es sich zur Aufgabe gemacht, sie an Frauen in wirtschaftlich benachteiligten Ländern weiterzugeben, um ihnen so den Eintritt ins Berufsleben zu erleichtern und und ihre wirtschaftliche Unabhängigkeit zu stärken. Angeboten werden auch Bewerbungstrainings und andere Förderprogramme.

Deutsches Rotes Kreuz
drk.de
Das Rote Kreuz unterhält an vielen Orten Kleiderstuben, in denen man gut erhaltene Kleidung abgeben kann.

Oxfam
oxfam.de
Oxfam-Shops, die es in vielen größeren Städten gibt, nehmen außer gut erhaltener Kleidung und Schuhen für Damen, Herren und Kinder auch Haushaltswaren, Bücher, Heimtextilien und Spielzeug entgegen.

Caritas
caritas.de
Auch die Caritas betreibt vielerorts Kleiderkammern, in denen gut erhaltene Textilien abgegeben werden können.

Heilsarmee
heilsarmee.de
Die Heilsarmee betreibt in vielen Städten Kleiderkammern, Secondhandläden und auch Möbellager.

GROSSGERÄTE

Da der Transportaufwand für große Haushaltsgeräte hoch ist, empfiehlt es sich, auf kurze Entfernungen zu achten. Am besten hören Sie sich vor Ort um. Vielleicht kann das Frauenhaus eine funktionsfähige Waschmaschine gebrauchen oder das Jugendzentrum einen Kühlschrank für Getränke. Auch Organisationen, die sich um wohnungslose Menschen oder Flüchtlinge kümmern, kommen als Ansprechpartner infrage.

BASTEL- UND HEIMWERKERBEDARF

Künstlerbedarf, Stoffreste, Bänder, Fliesen, CD-Hüllen und andere Dinge, die für kreative Arbeiten benutzt werden können, finden immer Abnehmer.

Fragen Sie im Kindergarten, in der Grundschule oder bei Tagesmüttern: Kleine Kinder haben einen hohen Verbrauch an Bastelmaterialien, und selbst zu ungewöhnlichen Utensilien fällt ihnen oft etwas Originelles ein. Tapetenreste geben gutes »Malpapier« ab, und selbst restlos unmoderne Kleidung kann noch den »Verkleide-Fundus« bereichern.

HAUSHALTSARTIKEL

Geschirr, Kleingeräte, Haushaltstextilien und andere Haushaltswaren können oft in den Kleiderstuben sozialer Organisationen abgegeben werden, beispielsweise

drk.de
caritas.de
diakonia.de
heilsarmee.de

Außerdem können Sie sich an Sozialkaufhäuser und Initiativen zur Unterstützung von Asylsuchenden wenden.

Tierheime freuen sich nicht nur über Spenden von Haustierbedarf (Leinen, Körbe usw.), sondern können meist auch alte Bettwäsche und Handtücher gut gebrauchen. Fragen Sie einfach nach.

GESELLSCHAFTSSPIELE

Neben den bekannten sozialen und karitativen Einrichtungen sind auch Einrichtungen und Initiativen zur Integration von Migranten oft dankbare Abnehmer von Gesellschaftsspielen, die u.a. zur spielerischen Förderung der sprachlichen Kompetenz eingesetzt werden. Fragen Sie auch bei Volkshochschulen oder anderen Trägern nach, die Deutschkurse für Migranten anbieten.

Senioreneinrichtungen freuen sich über Gesellschaftsspiele und **Hörbücher** für Bewohner, denen das Lesen Schwierigkeiten bereitet.

MÖBEL

In vielen Städten gibt es Initiativen für Langzeitarbeitslose, die gebrauchte Möbel entgegennehmen (eventuell abholen), aufarbeiten und an Menschen mit geringem Einkommen verkaufen. Häufig arbeiten solche Initiativen mit Sozialkaufhäusern zusammen.

Einige große soziale und kirchliche Organisationen unterhalten ebenfalls Gebrauchtmöbellager.

VERSCHENKEN

Während beim Spenden der soziale Gedanke im Vordergrund steht, geht es beim Verschenken eher darum, Überflüssiges an irgendjemanden weiterzugeben, der es gebrauchen kann.

An immer mehr öffentlichen Orten (z.B. Cafés, Arztpraxen und sogar bei manchen

Friseuren) gibt es Bücherregale, in denen man ausgelesene Bücher deponieren oder kostenlos Lesestoff mitnehmen kann.

Gegenstände, die mit einem Schild »zu verschenken« an die Straße gestellt werden, finden oft innerhalb weniger Stunden einen Liebhaber. Behalten Sie die Dinge im Auge, und räumen Sie abends weg, was nicht mitgenommen wurde.

Manche Lokalzeitungen und Wochenblätter erheben für Kleinanzeigen unter der Rubrik »Zu verschenken« keine Gebühr.

Auch bei eBay Kleinanzeigen gibt es eine Rubrik »Zu verschenken«. Das Einstellen ist gebührenfrei, und da die Artikel kostenlos abgegeben werden, fällt keine Verkaufsprovision an. Solche Anzeigen bieten sich an, wenn man sperrige Dinge oder Baumaterialien abzugeben hat.

In einigen Städten gibt es die »schonende Sperrmüllabfuhr«: Möbel und andere Einrichtungsgegenstände, die noch verwendbar sind, werden abgeholt und in Gebraucht-Kaufhäusern (z. B. Stilbruch in Hamburg) günstig zum Verkauf angeboten. Auskunft erteilt das regionale Entsorgungsunternehmen.

Verkaufen

Es macht etwas Mühe, aussortierte Dinge zu verkaufen. Wenn Sie wenig Zeit haben, sollten Sie nur Dinge anbieten, die voraussichtlich einen guten Gewinn bringen, und alles andere verschenken oder spenden.

(FAST) ALLES

eBay
ebay.com
eBay verlangt für die Bereitstellung seiner Dienste bei erfolgreichem Verkauf eine Provision. Das Anbieten von Artikeln auf der Website braucht etwas Übung, aber viele Verkäufer schwören auf diese Plattform, unter anderem weil sie weltweit aktiv ist.

Amazon Marketplace
amazon.de
Auch Amazon betreibt eine Plattform für Verkäufer, die nicht nur für Bücher genutzt werden kann, sondern für viele andere Artikel.

Shpock
shpock.com
Dies ist eine Flohmarkt-App, über die man alle möglichen Dinge verkaufen kann. Sie wendet sich hauptsächlich an Selbstabholer.

Kleinanzeigen
Wer vorzugsweise regional verkaufen will oder schwere / sperrige Dinge anzubieten hat, kann eine Kleinanzeige in der Lokalzeitung aufgeben. In vielen Supermärkten gibt es im Eingangsbereich ein schwarzes Brett, an dem man per Aushang Dinge zum Verkauf anbieten kann.

KLEIDUNG

Am besten fragen Sie zuerst in Secondhandläden in der näheren Umgebung. Manche kaufen gut erhaltene Kleidung an, andere nehmen sie in Kommission.

Kleiderkreisel
kleiderkreisel.de
Auf dieser Plattform kann man Kleidung und Accessoires tauschen, verkaufen, verschenken und kaufen.

Mamikreisel
mamikreisel.de
Diese Plattform richtet sich vor allem an Eltern kleiner Kinder, die besonders schnell aus ihrer Kleidung herauswachsen.

Mädchenflohmarkt
Mädchenflohmarkt.de
Hier werden vorwiegend hochwertige Kleidungsstücke angeboten. Es gibt auch einen Concierge-Service, der gegen Provision das Fotografieren und Einstellen der Angebote übernimmt. Wer seine Angebote selbst einstellt, zahlt eine geringere Verkaufsprovision.

Kleiderkorb
kleiderkorb.de
Online-Flohmarkt für Mode und Accessoires. Anmeldung und Nutzung sind kostenlos.

Momox
momox-fashion.de
Diese Website eignet sich für alle, die mehrere Kleidungsstücke auf einen Schlag loswerden. Beim Anbieten müssen Kleidungstyp (z. B. Blazer) und Marke angegeben werden. Ein Tool zeigt den zu erwartenden Preis an. Wer möchte, kann der Verkaufserlös auch per Mouseklick an »Die Arche« spenden.

Rebelle
rebelle.com
Dies ist ein Online-Secondhand-Shop für gebrauchte Kleidung, Schuhe und Accessoires namhafter Designer. Wer verkaufen will, muss ein Konto eröffnen, einen relativ umfangreichen Fragebogen zum Artikel ausfüllen und Fotos hochladen. Rebelle erhebt eine Provision.

Vestiaire collective
vestiairecollective.de
Auch auf dieser Plattform wird Designermode der gehobenen Klasse ge- und verkauft. Der Betreiber gibt an, alle Artikel auf Echtheit und Qualität zu prüfen. Eine Provision wird erhoben.

MÖBEL UND HAUSHALTSARTIKEL

Wenn Sie keine Zeit oder Lust haben, einen Garagenflohmarkt zu veranstalten, sind vielleicht die folgenden Vorschläge interessant:

alles.de/region
Diese Flohmarkt-Plattform bietet sich für alle größeren Dinge an, die man an Selbstabholer verkaufen möchte.

quoka.de
Auch dies ist ein Online-Flohmarkt, auf dem Kaufinteressenten regional suchen können, um Artikel beim Verkäufer in Augenschein zu nehmen und abzuholen.

markt.de
Eine weitere Flohmarkt-Plattform mit regionsbezogener Suchfunktion.

Used Design
used-design.com
Diese Online-Plattform ist auf gebrauchte Designermöbel und Ausstellungsware spezialisiert. Sie wendet sich an private und gewerbliche Verkäufer. Eine Verkaufsprovision wird nicht erhoben.

LUX366
mapi-design.de
Kauft gebrauchte Designklassiker der 1920er bis 1990er-Jahre an.

Top-Designclassix
top-designclassix.de
Ankauf von gebrauchten Designklassikern.

ANTIQUITÄTEN

Wer antike Möbel oder andere Antiquitäten in Bares verwandeln will, könnte sich auf diesen Online-Plattformen umschauen:

meinesammlung.de
catawiki.de
Beide eignen sich auch, um sich einen Eindruck über den ungefähren Marktwert antiker Stücke zu verschaffen.

BAUMATERIALIEN

Standardware lässt sich meist über eine Kleinanzeige – online oder in einer Zeitung – am besten verkaufen.

Wer echte historische Baumaterialien veräußern möchte, findet auf der Website des Unternehmerverbands Historische Baustoffe e. V. eine Liste von Firmen, die solche Artikel auch ankaufen.

TECHNISCHE GERÄTE

Technische Geräte lassen sich leicht verkaufen. Der Nachhaltigkeit ist aber besser gedient, wenn man sie möglichst lange benutzt, statt sich immer das neueste Modell anzuschaffen, sobald es in den Handel kommt. Online-Shops, die gebrauchte Handys, Smartphones, Tables, eBook-Reader und andere Geräte an- und verkaufen, sind beispielsweise

rebuy.de
zoxs.de
wirkaufens.de
clevertronic.de
myswooop.de
flip4new.de

Eine Übersicht mehrerer Plattformen mit Preisvergleich bietet

handyverkauf.net

Recyceln

Wenn Dinge so abgenutzt oder beschädigt sind, dass man sie nicht weiterverwenden kann, lassen sich oft noch die Materialien retten.

Das Abfallwesen unterliegt in Deutschland strengeren Gesetzen als in vielen anderen Ländern. Darum gibt es in den meisten Ortschaften kommunale oder privatwirtschaftlich betriebene Recyclinghöfe, bei denen man alle Abfälle anliefern kann, die im Haushalt anfallen – große und kleine Elektrogeräte, Möbel, alte Teppiche und andere Bodenbeläge, Baumaterialien, Maschinen (z. B. Benzin-Rasenmäher) und auch Sondermüll wie Altöl, Altbatterien oder Reste von Farben und Lacken. Soweit möglich, werden Wertstoffe aus den Abfällen zurückgewonnen oder die Produkte werden anderweitig recycelt. Bauschutt beispielsweise kann zerkleinert und im Straßen- und Wegebau verwendet werden, Gartenabfälle werden kompostiert. Ist kein Recycling möglich, werden die Abfälle sachgerecht entsorgt.

Manche Materialien werden kostenlos entgegengenommen, für einige muss der Anlieferer eine Entsorgungsgebühr bezahlen, und gelegentlich bekommt man sogar etwas Geld für angelieferte Stoffe (z. B. Metalle).

In einigen Werkstätten für Behinderte werden Elektrogeräte in ihre Komponenten zerlegt, um diese gezielt dem Recycling zuführen zu können. Auch dort kann man in der Regel kostenlos Geräte abgeben.

Abholung gegen Bezahlung

Wenn es gar keine andere Lösung gibt, können Sie Überflüssiges von einer Firma abholen lassen. Erkundigen Sie sich vorher, wie hoch die Kosten sind, und ob der Wert der abgeholten Gegenstände angerechnet wird.

Firmen, die Haushaltsauflösungen anbieten, gibt es in den meisten Ortschaften. Adressen findet man im Telefonbuch oder online. In einigen Orten bietet auch das örtliche Entsorgungsunternehmen diesen Service gegen Gebühr an.

Gar nicht erst kaufen

Dinge, die Sie nur selten brauchen, die aber viel Platz einnehmen, können Sie auch ausleihen. Baumärkte vermieten Werkzeugmaschinen, Gartencenter verleihen Vertikutierer und andere Gartengeräte, beim Fliesenhändler kann man Fliesenschneider ausleihen, manche Stoffgeschäfte verleihen Nähmaschinen oder betreiben ein Nähcafé, in dem man sich an die Maschine setzen und bei Fragen kompetente Mitarbeiterinnen ansprechen kann. Selbst in Bibliotheken kann man normalerweise neben Büchern auch Hörbücher und verschiedene andere Medien ausleihen.

In vielen Gemeinden gibt es Tauschringe, deren Mitglieder einander mit Know-how und den verschiedensten Utensilien aushelfen.

Unsere Lieblingsadressen für Ordnungshelfer

Prinzipiell empfehlen wir, zuerst gründlich auszusortieren, dann den Stauraumbedarf realistisch einzuschätzen und Dinge zu nutzen, die bereits vorhanden sind. Trotzdem wird man dies und das neu anschaffen müssen. Darum haben wir hier Adressen zusammengestellt, die unserer Meinung nach wirklich gute Aufbewahrungslösungen anbieten – von Kleiderbügeln bis zu Regalsystemen.

Hinweis: Anstelle von Wegwerf- und Massenware bevorzugen wir nachhaltig hergestellte Produkte, und wir unterstützen gern kleine Unternehmen und Handwerksbetriebe. Weil wir aber auch die Kosten im Blick behalten müssen, kaufen wir sowohl vor Ort als auch bei internationalen Unternehmen ein. Manche davon haben ein so großes Sortiment, dass sie in allen der folgenden Kategorien genannt werden könnten. Solche Firmen haben wir unter den Überschriften »Weltweit vertreten« und »Unabhängige Design-Shops« zusammengefasst.

Körbe und Tonnen

All Hands
allhandsny.com
Die New Yorker Handtaschendesignerin hat drei Jahre auf Schiffen in Alaska und anderen Regionen gearbeitet. Das erklärt ihre Vorliebe für Segeltuch. Ihre eimerförmigen Taschen mit Griffen aus dickem Tauwerk sind Seesäcken nachempfunden.

Beckel Canvas Products
Portland, OR
beckelcanvas.com
Das Unternehmen stellt seit über 50 Jahren Outdoorzubehör wie Taschen, Seesäcke und Zelte aus schwerem, robustem Segeltuch her. Wir schwören auf die »Kulturtaschen« mit Reißverschluss. Viele Modelle werden auf

Bestellung produziert, auch Einzelanfertigungen sind möglich.

Korbo
korbo.se
Diese Körbe wurden ursprünglich für den Einsatz auf Fischkuttern entwickelt. Sie sind aus einem durchgehenden Stahldraht geflochten (also ohne Schweißnähte), rosten nicht und sind unverwüstlich. Sie sind in verschiedenen Größen erhältlich, teilweise mit zugehörigen Haken zum Aufhängen. Wir verwenden diese Körbe überall im Haus.

The Laundress
New York, NY
thelaundress.com
Spezialisiert auf ausgesuchte Produkte für die Wäsche. In Zusammenarbeit mit Beckel Canvas wurde die Home Storage Collection entwickelt, die Boxen, Taschen und Aufbewahrungsbeutel umfasst.

Peterboro Basket Co.
Peterborough, NH
peterborobasket.com
Amerikas älteste Korbflechterei verarbeitet schmale Streifen aus Appalachen-Esche, die in New Hampshire, Maine und Vermont geschlagen werden. Das Sortiment umfasst mehr als 300 Modelle. Besonders gut gefallen uns die altmodischen Wäschekörbe mit Ledergriffen und die Korbsets, die ineinander passen.

Rushmatters
rushmatters.co.uk
Auf der Grange Farm in Bedfordshire (England) pflegt Felicity Irons eine uralte Handwerkstradition: Sie fertigt Schalen, Körbe, Taschen, Matten und Läufer aus robusten, duftenden Binsen. Zum Auffrischen einfach mit Wasser besprengen.

Serax
serax.com
Das Unternehmen mit Sitz in der belgischen Stadt Brüssel produziert hochwertige Haushaltswaren. Besonders gut gefällt uns die Kollektion von Marie Michielssen – Kästen und Tonnen aus Segeltuch, die elegant proportioniert und erstaunlich robust sind.

Steele Canvas
steelecanvas.com
Die Firma Steele aus Boston stellt seit 1921 Segeltuchbehälter für die gewerbliche Nutzung her. Ursprünglich kamen sie auf Baustellen zum Einsatz. Im Haus machen sie sich in der Waschküche, im Kinderzimmer und der Garage nützlich.

Uashmama
shopuashmamausa.com
Der Name der italienischen Serie von Körben und anderen Behältern wird »Waschmama« ausgesprochen. Hergestellt sind sie aus einer waschbaren Zellulosefaser, die robustem Tyvek ähnelt. Eine leichte, strapazierfähige Alternative zu Segeltuch.

Umbra
Toronto, Kanada
umbra.com
Die Firma wurde 1979 von zwei Freunden gegründet und bietet pfiffige Lösungen für verschiedenste Haushaltsprobleme an. Uns gefällt vor allem die faltbare Crunch Bin aus Segeltuch, erhältlich beim Container Store.

Verso Design
Helsinki, Finnland
www.versodesign.fi/en
Kirsikka Savonen und ihre beiden Töchter Tuttu Sillanpää und Tuuli Burman leiten die finnische Firma Verso Design. Das Angebot umfasst verschiedene Haushaltsartikel, darunter traditionelle skandinavische Spankörbe aus hellem Birkenholz und Boxen aus Birkensperrholz.

Betten mit eingebauten Schubladen

Blu Dot
bludot.com
Die Betten der Serie Modulicious haben schlichte Gestelle aus Holz und an den Längsseiten je drei Schubladen, die mit Fronten in verschiedenen Farben angeboten werden.

Crate & Barrel
crateandbarrel.com
Moderne Betten mit integriertem Stauraum in verschiedenen Varianten.

Duc Duc
New York, NY
ducducnyc.com
Bei Duc Duc gibt es schicke (aber teure) Betten und Etagenbetten für Kinder, viele davon mit eingebauten Schubladen.

Ikea
ikea.de
Umfangreiches Angebot von Möbeln und Zubehör, vieles speziell für kleine Räume. Geradlinige, bezahlbare Betten mit integriertem Stauraum.

Muji
muji.com
Neben Betten mit Schubladen und Regalen bietet das Unternehmen auch anderes hochwertig gearbeitetes, minimalistisches Design aus Japan an.

Room & Board
roomandboard.com
Moderne Bettgestelle mit passenden Stauraumlösungen zählen zu den Stärken der Möbelkette, die ihren Hauptsitz in Minneapolis hat.

Urban Green
Brooklyn, NY
urbangreen.com
Die Firma aus Brooklyn produziert nachhaltige Möbel aus Massivholz und einheimischen Materialien. Die schlichten, auch nach Maß gefertigten Kojenbetten mit Schubladen sind wahre Raumsparwunder.

West Elm
westelm.com
In der Bettenabteilung von West Elm werden trendbewusste Stadtbewohner mit Stauraumnöten fündig.

Boxen

The Container Store
containerstore.com
Wir schwören seit Jahren auf die Boxen der schwedischen Firma Bigso, die aus Recyclingmaterial hergestellt werden. Sie sind eigentlich für das Homeoffice gedacht, machen sich aber im ganzen Haus nützlich.

Ikea
ikea.de
Bei Ikea gibt es verschiedenste Boxen aus Pappe, einfarbig und mit grafischen Mustern. Wir finden auch die Schubladenkästen aus stabiler Pappe praktisch.

Rollwagen

American Surplus Inc.
Rumford, RI
americansurplus.com
Das Firmengelände auf Rhode Island ist etwa fünf Hektar groß. Das Unternehmen bietet Rollwagen, Spinde und andere Ausstattung für den gewerblichen Bedarf an.

Everyday Design
everydaydesign.fi
Die Firma aus Helsinki bringt Ästhetik und Funktion gekonnt in Einklang. Aufbewahrungslösungen bilden einen Schwerpunkt des Sortiments. Die Metall-Rollwagen mit Rädern aus Birkenholz sind besonders sehenswert.

Ikea
ikea.de
Ikea bietet Lösungen im skandinavischen Stil für alle Stauraumprobleme im Haus. Regale und Rollwagen gibt es in verschiedenen Stilen und Materialien zu ausgesprochen günstigen Preisen.

Kaymet
Kaymet.co.uk
Sydney Schreiber hat im Zweiten Weltkrieg Radarzubehör gefertigt und 1947 begonnen, neue Verwendungszwecke für die Maschinen in seiner Firma im englischen Bermondsey zu suchen. Seitdem fertigt sein Londoner Unternehmen Kaymet Rollwagen und Tabletts aus eloxiertem Aluminium, die sich absolut sehen lassen können.

Urban Remains
Chicago, IL
urbanremainschicago.com
Dieser Gebrauchthändler hat ein beachtliches Sortiment an alten Industrie- und Krankenhaus-Rollwagen, viele aus kühlem, gewalztem Stahl.

Kleiderschrank-Organisation

Bed Bath & Beyond
bedbathandbeyond.com
Auch wenn man in dieser Kette die Spreu vom Weizen trennen muss: Bei Bed Bath & Beyond gibt es fast alles, was man für die Wohnung braucht, von Metallleitern für Handtücher bis zu Ordnungshelfern für den Kleiderschrank.

The Butler's Closet
thebutlerscloset.com
Barbara Harman hat diese Firma gegründet, als sie keine hochwertigen Staubschutzhüllen in Museumsqualität für ihre Polstermöbel finden konnte. Heute bietet sie neben chemikalienfreien Schutzdecken aus reiner Baumwolle auch Schuhbeutel und Horn-Kleiderbürsten aus England an.

The Container Store
containerstore.com
Hier gibt es Aufbewahrungslösungen für die ganze Wohnung. Uns gefallen die hölzernen Kleiderbügel, die Baumwollunterlagen für Regale und die stabilen Boxen aus Pappe. Sehr praktisch sind auch die Elfa-Modulsysteme aus Metall, mit denen sich jeder seine maßgeschneiderte Schrankeinrichtung zusammenstellen kann.

Normann Copenhagen
Kopenhagen, Dänemark
normann-copenhagen.com
Ob Waschzuber oder Schaukelsofa: Hier gibt es skandinavisches Design für das ganze Haus. Der Kleiderständer Toj (siehe Seite 114) ist unserer Meinung nach ein besonders schönes und hochwertig gearbeitetes Modell.

Trockengestelle

The Columbus Washboard Company
Logan, OH
columbuswashboard.com
Columbus Washboard ist seit 1895 als Wäschespezialist bekannt. Das heutige Angebot umfasst die kleine Serie »Vintage Laundry«. Dazu gehört der Sheila Maid Clothes Airer, ein platzsparender Klassiker aus England zum Lüften und Trocknen von Kleidung. Er wird mit einem Seilzug unter die Zimmerdecke gezogen, wo sie schnell trocknet, weil warme Luft naturgemäß aufsteigt.

Rejuvenation
rejuvenation.com
Die Firma wurde 1975 als Handel für gebrauchte Baumaterialien gegründet, bietet jetzt stylisches Zubehör für die ganze Wohnung an und gehört zur Williams-Sonoma-Gruppe. Uns gefällt das Holz-Trockengestell im Stil der Amish (Achtung: Muss zusammengebaut werden). Auch das Angebot an Körben und Boxen ist sehenswert.

Für den Arbeitsplatz

Design Ideas
designideas.net
Hier kauft der Container Store Schubladeneinsätze aus Metallgitter, Sortierhilfen aus lackiertem Stahl und andere Ordnungshelfer an. Die Firma betreibt auch selbst einen Online-Shop, in dem man Aufbewahrungslösungen aus Metall zu günstigen Preisen kaufen kann.

Goods for the Study
New York, NY
goodsforthestudy.mcnallyjacksonstore.com
Der Ableger der Buchhandlung McNally Jackson aus SoHo setzt den Schwerpunkt auf schöne Schreibtische und Zubehör einschließlich Leuchten. Viele der Produkte stammen von Herstellern aus Schweden, Frankreich und Italien.

Most Modest
mostmodest.com
Das Start-up aus San Francisco produziert technisches Zubehör in vorzeigbarem Gewand. Ein gutes Beispiel ist die hölzerne Steckdosenleiste Niko auf Seite 133.

Present and Correct
London, England
presentandcorrect.com
Beeindruckendes Sortiment von Schreibtischutensilien und Schreibwaren im Vintage-Stil, z. B. Schreibtisch-Organizer aus Holz, Messingbehälter für Stifte, verschiedene Metallklammern. »Dinge, die wir seit der Schulzeit mögen«, sagt der Inhaber, der von Beruf Grafikdesigner ist.

This Is Ground
thisisground.info
Die Firma aus Los Angeles entwirft Accessoires aus Leder, um technische Geräte, Ladekabel & Co. stylisch und aufgeräumt aufzubewahren. Für zu Hause und unterwegs.

Haken, Leisten, Ständer

Nomess
nomess.dk
Susanne Potts gründete die Firma mit Sitz in Kopenhagen 2007, als sie auf der Suche nach Produkten war, »die einzig dazu dienen, den Alltag zu vereinfachen«. Das Angebot umfasst viele pfiffige Ideen, beispielsweise das So-Hooked Wall Rack aus Aluminium mit abnehmbaren S-Haken.

Peg and Rail
Highland, MI
pegandrailusa.com
Das Familienunternehmen aus Michigan hat sich auf Hakenleisten zu vernünftigen Preisen spezialisiert (siehe Seite 22–23).

Scout Regalia
scoutregalia.com
Das Ehepaar Benjamin Luddy und Makoto Mizutani bietet in Los Angeles pfiffige, praktische Designs an, beispielsweise einen Kartentisch aus pulverlackiertem Stahl, der an die Wand gehängt und auch als Whiteboard genutzt werden kann.

Stattmann Neue Moebel
stattmann-neuemoebel.com
In dem deutschen Unternehmen werden in vierter Generation Möbel mit viel Liebe zum Detail gefertigt. Einer der neuen Klassiker ist die Flurausstattung von Marina Bautier (siehe Seite 26), die in verschiedenen Ausführungen erhältlich ist. Uns gefallen auch die Wandregale aus Holz.

Unabhängige Design-Shops

ABC Carpet & Home
Delray Beach, FL, sowie Bronx und New York, NY
abchome.com
Ursprünglich war dies ein Teppichgeschäft, heute bekommt man dort alles für die Wohnung: Beleuchtung und Bettwaren, moderne Möbel, Antiquitäten und verschiedenste Haushaltsutensilien (darunter Frisbee, einen modernen Mülleimer aus Frankreich mit Fußpedal). Auf Umweltfreundlichkeit wird Wert gelegt.

Amara
amara.com
Das englische Interior-Design-Unternehmen hat sich zu einem gut sortierten Online-Handel gemausert. Im Angebot sind führende Marken wie Iittala und Hay.

Analogue Life
Nagoya, Japan
analoguelife.com
Dies ist eine unserer Lieblingsadressen. Der Firma liegt es am Herzen, traditionelles japanisches Handwerk zu bewahren und wieder bekannter zu machen. Sehr schön sind die Kehrschaufeln aus Holz und die Kleiderständer aus Zypressenholz, die nach den Maßen von Kimonos dimensioniert sind.

Ancient Industries
ancientindustries.com
Ancient Industries wurde von der Grafikdesignerin und Remodelista-Mitarbeiterin Megan Wilson gegründet. Angeboten werden britische und kontinentaleuropäische Haushaltsartikel, die sich seit Generationen nicht nennenswert verändert haben.

A+R Store
Los Angeles, CA
aplusrstore.com
A+R bietet sorgfältig ausgewähltes Design an, darunter Regale aus aller Welt.

Brook Farm General Store
brookfarmgeneralstore.com
Bei Brook Farm kann man tolle Basics für die Wohnung einkaufen: Emaillebehälter von Riess

in vier Größen, französische Einkaufsnetze und geflochtene Wäschekörbe aus dem Senegal. Nur online.

Canoe
Portland, OR
canoeonline.net
Das liebevoll zusammengestellte Sortiment umfasst mattschwarze Rührschüsseln, Taschen aus Segeltuch, Hakenleisten aus Walnussholz und viele Produkte, die in der Region gefertigt wurden.

David Mellor
Derbyshire und London, England
davidmellordesign.com
Bekannt ist David Mellor vor allem für tolles Besteck. Das Angebot umfasst aber auch andere zeitlose Haushaltsartikel wie Sperrholztabletts von Corin Mellor, dem Sohn und Nachfolger des Firmengründers.

Everyday Needs
Auckland, Neuseeland
www.everyday-needs.com
Der Online-Shop wurde von der neuseeländischen Stylistin Katie Lockhart gegründet und hat sich auf »reduzierte, bodenständige und ehrliche« Produkte spezialisiert. Hier gibt es japanische Metallschachteln, Fußabtreter aus Holz und mehr.

Father Rabbit
Auckland, Neuseeland
fatherrabbit.com
Im Geschäft der Interior Designerin Claudia Zinzan gibt es edle, schlichte Wohnaccessoires für alle Räume.

Finnish Design Shop
finnishdesignshop.com
Großes Angebot von Produkten aus Finnland und dem übrigen Skandinavien: Sowohl Klassiker als auch Entwürfe von jungen Talenten.

Floyd
floyddetroit.com
Das Start-up aus Detroit präsentiert clevere Lösungen für zeitgemäßes Wohnen. Hochbetten und einfach zu montierende Wandträger sind so konzipiert, dass man sie bei einem Umzug mitnehmen kann.

The General Store
San Francisco und Venice, Kalifornien
shop-generalstore.com
Der General Store hat eine spannende Mischung aus neuen Waren und Vintage-Produkten im Angebot, legt aber Wert auf regionale Herstellung. Hier bekommt man Keramikschalen von Beth Katz und Schneidebretter von Luke Bartels.

Hive
hivemodern.com
Der Online-Shop bietet moderne Designklassiker von Knoll, Herman Miller, Alvar Aalto und anderen an.

Huset
huset-shop.com
Hier gibt es moderne skandinavische Produkte, von bunt gemusterten Tischdecken aus Schweden bis zu Verso-Körben.

Kaufmann Mercantile
kaufmann-mercantile.com
Langlebige Produkte in gutem Design, oft mit Hintergrundgeschichten. Der Online-Katalog ist sehenswert.

Lekker
Boston, MA
lekkerhome.com
Lekker setzt auf Möbel und Geschirr mit skandinavischer und niederländischer Optik. Aufbewahrungslösungen in guter Auswahl, von handgefertigten Draht- und Peddigrohrbehältern bis zu interessanten Garderobenständern.

The Line
New York, NY, und Los Angeles, CA
theline.com
Die beiden Geschäfte sind wie echte Wohnungen eingerichtet – mir hochwertigen Dingen des täglichen Bedarfs, und alle kann man kaufen. Ob graue Wildlederhocker von Michael Verheyden oder Messingboxen für Kosmetiktücher von Tenfold: Alles ist auch online zu bekommen.

Lost & Found
Los Angeles, CA
lostandfoundshop.com
Fünf Schaufenster zeigen Mode, Kunst und Handwerk, welche die Inhaberin Jamie Rosenthal zusammengestellt hat. Gute Adresse für Körbe, Keramikschalen oder Hocker aus Holz und Jute, die man sonst nirgends bekommt.

Manufactum
manufactum.de
Das deutsche Unternehmen legt den Schwerpunkt auf klassisches Design für das ganze Haus. Ob emaillierte Mülleimer für die Küche, traditionelle Nähkästen mit ausklappbaren »Etagen« oder Einkaufswagen aus Korbgeflecht – alles mit Sorgfalt ausgewählt und von hoher Qualität.

Merci
Paris, Frankreich
merci-merci.com
Wer nach Paris reist, sollte sich dieses charmante Geschäft nicht entgehen lassen. Hier gibt es französische Möbel, Wohnaccessoires und allerlei für Arbeitsplatz und Garten. Ein Teil des Gewinns fließt in Bildungs- und Entwicklungsprojekte in Madagaskar.

Mjölk
Toronto, Kanada
mjolk.ca
Das junge Paar John und Juli Baker bietet in seinem Geschäft skandinavisches und japanisches Design an, manchmal auch spannende Mischungen beider Richtungen. Unter den vielen modernen Designläden hebt sich Mjölk durch seinen klaren Stil hervor.

Mûr
Winnipeg, Kanada
murlifestyle.com
Der kleine, neue Online-Shop hat sich auf »voll ausgereiftes« Alltagsdesign spezialisiert (mûr ist das französische Wort für reif): Schürzen aus reinem Leinen, Scheuerbürsten mit Holzgriff, Handtuchstangen aus Messing und Körbe in großer Auswahl.

Nalata Nalata
New York, NY
nalatanalata.com
In dem Galerieladen im East Village bekommt man ausgefallenes japanisches Design, beispielsweise spezielle Scheren aus einem mehrere Generationen alten Familienbetrieb. Auch Lederkörbe und Haken der Kultmarke Hender Scheme sind hier zu haben. Selbst der Online-Shop ist japanisch-minimalistisch aufgemacht.

NK Shop
Los Angeles, CA
nickeykehoe.com
Die Interior Designer Todd Nickey und Amy Kehoe verkaufen Wohnaccessoires und Vintage-Fundstücke aus Europa mit dezentem Boho-Charme. Sehenswert sind auch die von Nickey Kehoe selbst entworfenen Haken und Abfalleimer aus pulverlackiertem Stahl.

Old Faithful Shop
Vancouver, Kanada
oldfaithfulshop.com
Eine gute Adresse für Beleuchtung und Wohntextilien. Hier findet man aber auch Drahtkörbe, stapelbare Becher und andere Dinge für die Küche.

Pod
Cambridge, Massachusetts
shop-pod.com
Der charmante kleine Haushalts- und Modeladen ist der amerikanische Stützpunkt der japanischen Firma Fog Linen (shop-foglinen.com). Im Angebot sind außerdem Tabletts, Geschirrtücher aus reinem Leinen und spanische Weingläser, die uns gut gefallen.

Schoolhouse Electric & Supply Co.
New York, NY, und Portland, OR
schoolhouse.com
Schoolhouse Electric war ursprünglich auf Beleuchtung spezialisiert, bietet jetzt aber auch zeitloses, hochwertiges Design für das ganze Haus an, zum Beispiel schlichte Abfalleimer aus Stahl, Tabletts im Kantinenstil und Drahtkörbe.

Sweet Bella
New York, NY
sweetbellausa.com
Bei Sweet Bella gibt es exklusives Design, beispielsweise Stapelstühle von Ercol, Sektkühler von Maison Martin Margiela, Washi-Tape von MT und großartige Schreibtischaccessoires. Das Ladengeschäft Top Hat an der Lower East Side von New York ist einen Umweg wert.

Tiina the Store
Amagansett, NY
tiinathestore.com
Diese interessante Sammlung skandinavischer Designklassiker entstand ursprünglich, als die berühmte Modestylistin Tiina Laakkonen Produkte für ihre eigene Wohnung suchte.

Tortoise General Store
Venice, CA
tortoisegeneralstore.com
In der Küchenabteilung gibt es unter anderem japanisches Design, darunter die Geschirrserie Hasami mit Holztabletts, die als Untersetzer oder Deckel verwendet werden können.

Trnk
New York, NY
trnk-nyc.com
Schönes Design im skandinavischen Stil für die ganze Wohnung. Der Shop bietet die Möglichkeit an, eine Hochzeitsliste zu erstellen – falls sich das junge Paar Tret-Abfalleimer von Normann Copenhagen oder Schüsseln mit Deckeln aus Eichenholz wünscht.

Für die Küche

Blisshaus
Oakland, CA
blisshaus.com
Inhaberin Wiebke Liu hat sich vorgenommen, in den Küchen aufzuräumen. Sie schwört auf den Vorratsschrank ohne Plastik und empfiehlt, Großpackungen zu kaufen und die Produkte umzufüllen, um Müll zu vermeiden. Blisshaus bietet einen Einrichtungsservice an, und alle nötigen Utensilien kann man im Online-Shop bestellen: luftdicht schließende Vorratsgläser, Gemüsenetze oder Mehlsäcke.

Flotsam + Fork
flotsamandfork.com
Dieser Küchenladen hält ein relativ kleines, aber sorgsam zusammengestelltes Angebot von praktischen Aufbewahrungshelfern bereit, viele davon mit französischem Einschlag.

Food52
food52.com/shop
Zu der bekannten Kochplattform gehört auch ein Shop, in dem viele praktische und ästhetische Utensilien angeboten werden. Eine Reihe kleiner Betriebe beliefern den Shop mit exklusiven Versionen ihrer Designs.

March
San Francisco, CA
marchsf.com
In dem weiß gefliesten Geschäft werden Küchenutensilien zum Kulturgut erhoben. Hier gibt es individuell gefertigte Arbeitstische, aber auch Boxen aus Leder, Einkaufstaschen und edle schwarze Gläser, die Gewürze vor Licht schützen.

Quitokeeto
quitokeeto.com
Die Bloggerin und Kochbuchautorin Heidi Swanson hat sich auch als Fotografin einen Namen gemacht. In ihrem Online-Shop bietet sie Küchenhelfer an, die ganz unserem Remodelista-Ethos entsprechen, zum Beispiel Schüsselhauben aus Leinen und magnetische Messerleisten aus gebleichtem Ahorn.

Set & Co.
Dallas, TX
setandco.com
Ein edles Einrichtungsgeschäft im Shaker-Stil mit Schwerpunkt Küche. Im Angebot sind beispielsweise Keramikschüsseln von Sarah Kersten, italienisches Kochgeschirr in bunten Farben und ein dänischer Küchenrollenhalter aus Eichenholz und Leder.

Sir/Madam
sirmadam.com
Dies ist eine gute Adresse für nostalgisches Design, wie man es auch auf dem Flohmarkt oder in Omas Schrank findet: Holzkochlöffel, S-Haken aus Messing oder gestreifte Schalen für Café au lait.

Stovold & Pogue
theplaterack.co.uk
Auf ihrer Hochzeitsreise nach Indien haben Jenny und Nick Stovold platzsparende Tellerregale aus Edelstahl entdeckt, die man an die Küchenwand hängt. Nach der Rückkehr haben sie begonnen, die Regale in drei Größen zu importieren und in ihrem Online-Shop zu verkaufen.

Sur La Table
surlatable.com
Hier gibt es eine große Auswahl von Küchenutensilien aus aller Welt. Wir kaufen dort das preisgünstige, durable Bistro-Glasgeschirr von Duralex. (Tipp: Die durchsichtigen Teller eignen sich auch sehr gut zum Abdecken von Schüsseln mit Resten.)

Whisk
Brooklyn und New York, NY
whisknyc.com
In diesem kleinen, feinen Laden kann man hochwertige Küchenutensilien und Schönes für den gedeckten Tisch kaufen, von Metallbehältern bis zu japanischen Lunchbeuteln.

Williams-Sonoma
williams-sonoma.com
Uns gefällt bei Williams-Sonoma vor allem das klassische Geschirr, aber auch die beeindruckende Auswahl von Aufbewahrungshelfern für die Küche ist beachtlich: Weckgläser, Gewürzregale, Behälter aus gehämmertem Kupfer und mehr.

Weltweit vertreten

Amazon
amazon.com
Was darf es sein: Naturprodukte zum Vertreiben von Kleidermotten? Eine Schale von Alvar Aalto? Ein Rollwagen von Normann Copenhagen? Bei Amazon bekommt man fast alles, und die Lieferung erfolgt meist schnell.

CB2
cb2.com
Der jüngere Bruder von Crate & Barrel bietet moderne Basics zu moderaten Preisen an, beispielsweise Nachtkonsolen (siehe Seite 105) oder Behälter aus Draht, die man an eine Lochplatte hängen kann (siehe Seite 31).

The Container Store
containerstore.com
Im Container Store dreht sich alles ums aufgeräumte Wohnen. Hier gibt es Regalsysteme von Elfa (für Garage, Vorratsraum, Ankleidezimmer, Tür-Rückseiten und mehr), praktische Pappboxen von Bigso oder Schubladenunterteilungen aus Drahtgitter von International Design.

Crate & Barrel
crateandbarrel.com
Das Unternehmen wurde in den 1960er-Jahren in Chicago gegründet, um europäisches Design in Amerika zu vertreiben, und ist seitdem seinem Stil treu geblieben. Neben Bettwäsche und Handtüchern von Marimekko bekommt man hier auch Sperrholztabletts (häufig heruntergesetzt).

Design Within Reach
dwr.com
DWR war im Revival des 1950er-Jahre-Designs eine feste Größe und hat dafür gesorgt, dass vergessene Produkte wieder eine feste Fangemeinde haben. Das Angebot umfasst beispielsweise Büfetts und Modul-Regalsysteme.

Ikea
ikea.de
Ob Schreibtisch mit integrierter Kabelführung oder Topfdeckelhalter: Ikea bietet skandinavisches Design zu bezahlbaren Preisen. Das Sortiment ändert sich häufig, aber einige Bestseller bleiben über viele Jahre, wenn nicht Jahrzehnte, verfügbar. Ekby-Regale mit Holzträgern oder Grundtal Küchenstangen bekommt man schon ab etwa 20 Euro.

Muji
muji.eu
Muji ist wegen des schlichten Designs ohne Logo beliebt. Hier gibt es Artikel für alle Räume, beispielsweise weißes Geschirr, Vorratsgläser im »Laborstil«, Bugholztabletts und Porzellan-Vorratsbehälter mit Deckel. Die Preise liegen nicht viel höher als bei Ikea.

Rejuvenation
rejuvenation.com
Rejuvenation hat anfangs Leuchten angeboten, dann aber das Sortiment auf viele praktische Haushaltsartikel erweitert, beispielsweise Körbe aus Esche mit Ledergriffen oder Modelle von Korbo aus Stahlgeflecht.

Restoration Hardware
restorationhardware.com
Der Name lässt auf eine Eisenwarenhandlung schließen, und tatsächlich bekommt man hier hochwertige Metallhaken, Schrankgriffe, Briefkästen, Bücherregale sowie Badezimmerregale aus Metallstangen, die an die Gepäckablage in Eisenbahnen erinnern. Darüber hinaus umfasst das Angebot Artikel für das ganze Haus (sogar moderne Kunst).

Room & Board
roomandboard.com
Das Unternehmen aus Minneapolis legt den Schwerpunkt auf modernes Wohndesign. Auch Betten mit integriertem Stauraum gibt es hier. Uns gefallen die Hakenleisten Spike Multiple Wall Hook, die aussehen wie Shaker-Leisten, aber aus pulverlackiertem Stahl bestehen und in vielen Farben zu bekommen sind. Außerdem gibt es hier clevere Lösungen für Kabel.

West Elm
westelm.com
Diese Firma bietet modernes Design und hat immer einen Blick auf den aktuellen Trend: Beistelltische, Tabletts, geflochtene Körbe und Tonnen sowie Ordnungshelfer aus Metallgitter.

Lochplatten

Block
blockdesign.co.uk
Bei der englischen Firma kann man Lochplatten für die Aufbewahrung von kleinen Dingen kaufen – in drei Größen und in verschiedenen Farben.

Dare To
daretodesignshop.com
Das kleine Unternehmen aus Norwegen produziert Lochplatten aus Holz, Kleinfachregale und Regale.

I Love Handles
Portland, OR
ilovehandles.com
Ein Renner dieses facettenreichen Designstudios ist das SmorgasBoard, eine magnetische Lochplatte mit verstellbaren Stiften, Haken, Fächern und Stifthaltern.

Kreisdesign
kreisdesign.com
Nikki Kreis bietet Lochplatten aus Birkensperrholz an, die eleganter aussehen als viele andere Versionen dieses Klassikers (siehe Seite 125).

Uline
uline.com
Bei Uline gibt es eine große Auswahl von Produkten für den gewerblichen Bedarf, aber auch Lochplatten mit Industrie-Charme.

Regale und Regalsysteme

Atlas Industries
atlaseast.com
Atlas bietet ein hochwertiges Regalsystem aus Massivholz und Stahl an, dessen Module sich unterschiedlich zusammenstellen lassen.

Design Within Reach
dwr.com
Eine gute Adresse für 1950er-Jahre-Aufbewahrungsmöbel, passend zum Eames-Sessel oder zum Tisch von Saarinen. Unser Favorit ist das wandelbare Royal System Shelving von Poul Cadovius mit einem integrierten Schreibtisch. Hier gibt es auch Schubladencontainer für alle Eventualitäten.

Metro
metro.com
Metros Stahlgitter-Regalsysteme auf Rollen waren ursprünglich für Gastronomieküchen und -lagerräume konzipiert und werden dort noch immer häufig verwendet. Sie eignen sich aber auch gut für den privaten Haushalt und sind auch bei The Container Store erhältlich.

Rakks
rakks.com
Architekten lieben das simple, gut gearbeitete Regalsystem Rakks, das auch in Universitäten häufiger zu sehen ist. In der privaten Wohnung macht es sich im Keller ebenso nützlich wie im Wohnzimmer. Das Regalsystem lässt sich nachträglich erweitern und bei einem Umzug gut mitnehmen.

Vitsoe
vitsoe.com
Dieses unglaublich flexible Regalsystem wurde von Dieter Rams entworfen. Es ist ein Designklassiker von Museumsqualität.

Für Werkstatt & Co.

Best Made Co.
New York, NY
Angefangen hat das Unternehmen mit hochwertigen Äxten. Inzwischen bekommt man hier ein großes Angebot handwerklich gut gearbeiteter Utensilien für das Haus und den Outdoorbedarf: Werkzeugkästen aus Metall, Ledertaschen mit Reißverschluss oder Segeltuch-Behälter.

Dover Street Market
doverstreetmarket.com
Rei Kawakubo wendet sich mit ihrem Wunderland vor allem an Modebegeisterte (und Hungrige, denn in den Centern in London und New York hat die Rose Bakery Filialen eröffnet). Es gibt hier aber auch eine kleine, aber beeindruckende Haushaltsabteilung mit Glasartikeln aus Japan oder Lacktabletts, kuratiert vom Good Design Store (gds.g-mark.org) in Tokio.

Hand-Eye Supply
Portland, OR
handeyesupply.com
»Coole Sachen, die man benutzt, um andere Dinge zu machen« ist das Motto von Hand-Eye. Gemeint sind damit beispielsweise robuste Schürzen aus schwarzem Segeltuch und Denim, emaillierte Stahl-Werkzeugkästen aus Japan, Beutel und Eimer mit Lederboden.

Labour and Wait
London, England (zwei Standorte)
labourandwait.co.uk
Hier gehen wir einkaufen, wenn wir hochwertige, zeitlose Haushaltswaren suchen, zum Beispiel unsere bevorzugten Toilettenbürsten samt Halter, Emaillekrüge und Eimer aller Art.

Objects of Use
Oxford, England
objectsofuse.com
Als »Internationale Archetypen von Alltagsgegenständen« beschreibt diese Firma ihr Angebot: mehrarmige Handtuchhalter aus Schweden, japanische Messer sowie Besen, Bürsten und Kehrschaufeln aus verschiedenen Ländern.

Yamazaki
theyamazaki.com
Angefangen hat das jahrhundertealte japanische Unternehmen mit Bügelbrettern. Heute bekommt man hier preiswerte, platzsparende Aufbewahrungslösungen (internationaler Vertrieb über Amazon). Wir schwören auf die Türhaken, die Küchenpapierspender und den Utensilienwagen.

Gebraucht, Vintage und Antik

AptDeco
aptdeco.com
Der Laden mit Sitz in New York City macht es den Stadtbewohnern leicht, gebrauchte Möbel loszuwerden und günstig zu kaufen.

Chairish
chairish.com
Chairish ist eine Online-Plattform, die sich an Design-Liebhaber in den USA wendet. Man kann dort nach Standort, Raum, Stil oder Kategorie einkaufen. (Es gibt eine separate Kategorie für Aufbewahrungsmöbel.)

eBay
ebay.de
Ja, auch auf der weltgrößten Auktionsplattform kann man tolle Antiquitäten oder Vintage-Stücke finden. Wir empfehlen, nach Region zu filtern, um die Ware vor dem Kauf in Augenschein zu nehmen und Versandkosten zu sparen. Wer Produkte, die sich leicht versenden lassen, in ihrem Ursprungsland kauft, kann oft auch Geld sparen.

Etsy
etsy.com
Etsy war ursprünglich eine Art Online-Ladenzeile für Bastler und Hobbykünstler. Inzwischen präsentieren hier viele kleine Anbieter – auch Vintage-Händler – ihre Waren. Wer etwas Außergewöhnliches sucht, wird hier oft fündig. Bei Einkäufen im Ausland auf die Versandkosten achten!

Everything but the House
ebth.com
Alles für Haus und Garten (und noch viel mehr) kann man auf dieser amerikanischen Online-Plattform ersteigern – oft zu günstigen Preisen. Auch hier empfiehlt sich, Verkäufer in der Nähe zu bevorzugen, um die Waren vor dem Kauf begutachten zu können.

1st Dibs
1stdibs.com
Auf dieser Website präsentieren spezialisierte Antiquitätenhändler ihre Waren. Neuerdings vertritt 1st Dibs auch führende zeitgenössische Designer aus aller Welt.

Los Angeles Modern Auctions
Los Angeles, CA
lamodern.com
LAMA veranstaltet drei große Auktionen pro Jahr. Unter den Hammer kommen Kunst und Design aus dem 20. Jahrhundert, auch Ausstellungen werden veranstaltet. Gründer Peter Loughrey besitzt ein enormes Wissen über das Design der 1950er-Jahre.

Previously Owned by a Gay Man
previouslyownedbyagayman.com
Neben gebrauchten, antiken und Vintage-Möbeln findet man auf dieser Website auch Ausstellungsstücke aus Showrooms zu reduzierten Preisen.

Viyet
viyet.com
Die Website wendet sich an die modernen Nomaden und hilft, bei einem Umzug hochwertige Sofas, Teppiche und Leuchten zu verkaufen.

Wright
Chicago, IL
wright20.com
Eine Mischung aus Auktionshaus und Online-Marktplatz, spezialisiert auf moderne Möbel. Hier gibt es beispielsweise Regale und Nachtkonsolen aus den 1950er-Jahren von Paul McCobb, Jens Risom und vielen anderen.

Verblüffende Funde in Spezialgeschäften

Viele clevere Aufbewahrungslösungen kaufen wir in Fachgeschäften, die sich an eine bestimmte Kundengruppe wenden – Heimwerker oder Künstler, Seefahrer oder Profiköche. Solche Firmen verkaufen praktische, zweckmäßige und durable Produkte, die sich in der Praxis bewährt haben. Fast alle betreiben einen Online-Shop, in dem man die Produkte bestellen kann.

EINKAUFSTIPPS

Fachhandel für Künstlerbedarf

- **Skizzenbücher** (zum Einkleben von Rezepten, Fotos oder Design-Ideen)
- **Schachteln und Boxen aller Art** (z.B. für Bilder und Fotos)
- **Robuste Arbeitsschürzen**
- **Klemmbretter**
- **Pinsel** (zum Entfernen von Staub)
- **Staffeleien** (zum Aufstellen von Bildern)
- **Emaille-Mischwannen** (kleine Tabletts)
- **Gläser für Farbe** (oder für getrocknete Kräuter und Gewürze)
- **Reißbrettstifte und Pins in vielen Ausführungen** (oft ansehnlicher als übliche Plastikpins)
- **Malerkrepp und Washi-Tape in vielen Farben und Mustern**
- **Federtaschen**

3 lohnende Adressen

1 Gerstäcker (Gerstaecker.de)

2 Boesner (boesner.de)

3 Bastelshop kreativ (kreativ.de)

EINKAUFSTIPPS

Haushalts-/Eisenwarenladen und Baumarkt

- **Sackleinen** (als Tischdecke oder zum Einwickeln von Blumenkübeln)
- **Einweckgläser** (für Küchenvorräte)
- **Wäscheklammern**
- **Gläser mit Korken** (z. B. für Gewürze)
- **Staubschutzlaken** (als Tischdecke, improvisierte Husse für Sessel oder Sofas, Rollo und mehr)
- **Leerdosen für Farbe** (als Behälter für Vorräte, Pinsel und mehr)
- **Verzinkte Eimer** (auch als Papierkorb)
- **Glasflaschen**
- **Schilder zum Anhängen** (für Boxen, Körbe und Schlüssel)
- **Packpapier auf der Rolle** (als Papiertischdecke, Schrankpapier oder Geschenkpapier)
- **Kehrschaufel aus Blech**
- **Tauwerk und Bindfaden**
- **Drahtkörbe**
- **Schubladen-Unterteilungen aus Holz und Metall**
- **Tellerregale aus Holz**
- **Besen, Handfeger und Bürsten mit Holzgriffen**

3 lohnende Adressen

1 Memolife (memolife.de)

2 Mehr Grün (mehr-gruen.de)

3 Waschbär (waschbaer.de)

EINKAUFSTIPPS

Schiffsausrüster

- **Klampen** (als Haken oder Befestigung für Rolloschnüre)
- **Segeltuchtaschen**
- **Seesäcke** (für allerlei Badezimmerutensilien)
- **Mini-Hängematten** (für Kuscheltiere, Badenwannenspielzeug und mehr)
- **Leitern aus Metall** (für Hochbetten, hohe Schrankfächer usw.)
- **Versenkbare und bündig eingelassene Griffe für Schränke und Türen**
- **Tauwerk**
- **Werkzeugkästen aus Edelstahl** (rostfrei)
- **Klappstühle aus Teakholz** (platzsparend und wetterfest)
- **Cockpit-Tische aus Teakholz** (als Ess- und Arbeitstisch, klappbar)
- **Wandregale für Teller und Gläser aus Teakholz** (kompakt und platzsparend)
- **Hänge-Aufbewahrung für Stielgläser** (unter Hängeschränken, Gläser kopfüber einhängen)
- **Metallklammern** (zum Verschließen von Lebensmittelpackungen, zum Aufhängen nasser Kleidung und mehr)

3 lohnende Adressen

1 Toplicht (toplicht.de)

2 A. W. Niemeyer (awn.de)

3 SVB (svb.de)

EINKAUFSTIPPS

Gastronomiebedarf

- **Große, robuste Schneidebretter**
- **Kannen und Schüsseln aus Emaille**
- **Messer und Halter**
- **Stahlregale, auch Modulsysteme**
- **Profi-Kühlschränke mit Glastüren**
- **Restaurantgeschirr**
- **Backbleche** (auch für nasse Stiefel oder das Geschirr-Abtropfgestell)
- **Besteck-Sortierkästen aus Edelstahl**
- **Geschirr-Abtropfgestelle aus Edelstahl**
- **Rührschüsseln aus Edelstahl**
- **Schubladen-Unterteilungen aus Holz und Metall**
- **Topfhalter aus Stahl**
- **Teebehälter**
- **Vorratsbehälter aus Glas und Stahl**
- **Tabletts, auch mit Klapp-Gestell** (als improvisierter Beistelltisch)
- **Weidenkörbe**
- **Küchenbürsten mit Holzgriff**

3 lohnende Adressen

1 Expondo (expondo.de)

2 Vega (vega-direct.com)

3 Gastro24 (gastro24.de)

EINKAUFSTIPPS

Laborbedarf

- **Porzellanschalen mit Deckel**
- **Trichter aus Glas und Porzellan**
- **Gläser mit Deckel** (für Kräuter und Gewürze oder Büroklammern und andere kleine Büroutensilien)
- **Messbecher aus Glas**
- **Petrischalen** (für Schmuck und andere Kleinigkeiten)
- **Instrumentenschalen aus Metall** (kleine Tabletts für alle Fälle)
- **Porzellanschalen mit Ausgießer**
- **Mörser und Stößel aus Porzellan**
- **Reagenzgläser und Ständer** (als Vase oder mit Korken für Gewürze)

3 lohnende Adressen

1 Omnilab (omnilab.de)

2 Analytics-Shop (analytics-shop.de)

3 Reiss (reiss-laborbedarf.de)

Designer und Architekten

Wir danken den folgenden Personen, deren Designs wir in diesem Buch vorstellen. Eine umfassende Liste der von uns empfohlenen Architekten und Designer in aller Welt ist auf Remodelista.com zu finden.

Amanda Pays
Los Angeles, CA
amandapays.com
Amanda Pays

Elizabeth Roberts Architecture & Design, PC
Brooklyn, NY
elizabethroberts.com
Elizabeth Roberts

FRAMe
Orleans, MA
fram-e.com
Sheila Bonnell

Lindon Schultz
Los Angeles, CA
212-438-0677
Lindon Schultz

Michaela Scherrer Interior Design
Pasadena, CA
michaelascherrer.com
Michaela Scherrer

Oliver Freundlich Design
New York, NY
oliverfreundlich.com
Oliver Freundlich

Plain English
Suffolk, England
plainenglishdesign.co.uk
Katie Fontana

Rebecca Robertson Interiors
New York, NY
rebeccarobertsoninteriors.com
Rebecca Robertson
Marco Pasanella

Rees Roberts + Partners
New York, NY
reesroberts.com
Lucien Rees Roberts

Selldorf Architects
New York, NY
selldorf.com
Annabelle Selldorf

Solveig Fernlund
New York, NY
solveigfernlund.com
Solveig Fernlund

Steven Harris Architects
New York, NY
stevenharrisarchitects.com
Steven Harris

Dank

Viele Menschen haben uns bei diesem Projekt unterstützt und Ideen beigesteuert, allen voran das Remodelista-Team: Francesca Connolly, Josh Groves, Janet Hall, Justine Hand, Christine Chang Hanway, Alexa Hotz, Sarah Lonsdale, Jessica Marshall, Annie Quigley, Michelle Slatalla und Meredith Swinehart.

Der Möbeldesigner Martin Forster war bei DIY-Projekten behilflich.

Vielen Dank an alle, deren Häuser und Wohnungen wir fotografieren durften: Sheila Bonnell, Ann DeSaussure Davidson und Scott Davidson, Julia von Eichel und Alex Vlack, Howard Garrett und Philip Truelove, Alastair Hendy, Bianca und James Jebbia, Christina Kim, Michelle McKenna, Amanda Pays und Corbin Bernsen, Michaela Scherrer, Rebecca Scott sowie Jerome Ranawake und Linling Tao.

Ohne das engagierte Team bei Artisan wäre dieses Buch nie entstanden. Wir danken der Herausgeberin Lia Ronnen, der bemerkenswerten Lektorin Bridget Monroe Itkin, Creative Director Michelle Ishay-Cohen, Layouterin Jane Treuhaft, Herstellungsleiterin Sibylle Kazeroid, Herstellerin Nancy Murray und Hanh Le für die Mitwirkung bei Layout und Herstellung.

Wir stellen in diesem Buch Produkte von den folgenden Designern und Herstellern vor: ABC Carpet & Home; Ace Hotel; Aesop; Aesthetic Movement; All Hands; Ambatalia; Anchor Hocking; Ancient Industries; Beckel Canvas Products; Bed Bath & Beyond; Best Made Co.; Blick; Block Design; Brook Farm General Store; Bulthaup; Bürstenhaus Redecker; the Butler's Closet; By Laasen; Canvas Home; CB2; Christopher Specce; the Container Store; Crate & Barrel; David Mellor; Delphonics; Design Ideas; Dover Street Market; Flos; Fog Linen; Goods for the Study; Goose Barnacle; Hay; Hender Scheme; Home Stories; Ikea; Iris Hantverk; John Derian Company; Kinto; Korbo; Kreisdesign; Labour und Wait; the Laundress; Makié; Manufactum; March; Margaret Howell; Most Modest; M+A NYC; Muji; Mûr; Museum of Useful Things; Muuto; Nalata Nalata; Normann Copenhagen; Original BTC; Peg und Rail; Pottery Barn; Quitokeeto; Rejuvenation; Riess; Room & Board; Schoolhouse Electric & Supply Co.; Scout Regalia; Serax; Sir/Madam; Snow Peak; Stanley Ruiz; Stattmann Neue Moebel; Steele Canvas; Stovold & Pogue; Stutterheim; Sweet Bella USA; Top Hat; This Is Ground; Tomoko Azumi; TRNK; Uashmama; Umbra; Urban Green; Urban Outftters; Urbansize; Verso Design; Victorinox; Williams-Sonoma; Wms & Co.; Yamazaki.

Register